Ich lese gern!

Lieblingsbücher entdecken, in spannenden Leseproben stöbern, tolle Gewinne sichern und allerhand Lustiges und Wissenswertes erfahren – das ist unser neues E-Mail-Magazin für große und kleine Leseratten. Kostenlos anmelden unter www.thienemann.de.

Ende, Michael/Kruse, Max/Preußler, Otfried u.a.:
Ich lese gern! – Kunterbunte Geschichten zum ersten Lesen
ISBN 978 3 522 18382 6

Einbandgestaltung: Günther Jakobs
Außentypografie: Michael Kimmerle
Innentypografie: Sabine Conrad
Schrift: SchulbuchNord, Spumoni
Satz: KCS GmbH, Stelle/Hamburg
Reproduktion: Photolitho AG, Gossau
Druck und Bindung: Livonia Print, Riga

6 5 4 3 2° 14 15 16 17

Michael Ende · Max Kruse
Otfried Preußler u. a.

Ich lese gern!

Kunterbunte Geschichten
zum ersten Lesen

Thienemann

Inhaltsverzeichnis

Otfried Preußler · Winnie Gebhart ·
Matthias Weber:
Donnerwetter, ist das ein Junge! 7

Julia Breitenöder · Maria Ernicke:
Zehn Kuchen und eine Überraschung 24

Andrea Hensgen · Béatrice Rodriguez:
Auf kleinen Pfoten kommt das Glück 50

Rätsel 65

Jo Pestum · Mathias Weber:
Die Wilden Acht 66

Michael Ende · Michael Bayer:
Tranquilla Trampeltreu, die beharrliche
Schildkröte 88

Susanne Glanzner · Marion Elitez:
Lucys Piratenpakt 125

Neele:
Ein Geschenk für König Nimmersatt 152

Jonas Kötz · Cordula Thörner:
Wilhelm und sein Pferd 175

Beate Dölling · Almud Kunert:
Das Regenspiel 189

Rätsel 197

Angelika Glitz · Imke Sönnichsen:
Die tapfere Tilli 198

Lene März · Barbara Scholz:
Geisterstunde 207

Max Kruse · Roman Lang:
Urmels Feuerteufel 218

Autorenverzeichnis 252

Quellenverzeichnis 253

Lösungen 255

Otfried Preußler Winnie Gebhart

Mathias Weber

Donnerwetter, ist das ein Junge!

„Was meinst du?“, sagte der Wassermann abends zu seiner Frau. „Es gehört sich wohl, dass wir dem kleinen Jungen zu Ehren ein Fest geben, nicht? Ich werde gleich morgen die ganze Verwandtschaft dazu einladen, damit wir ihn allen zeigen können. Und du wirst kochen und braten, dass wir auch etwas zum Schnabulieren haben. Es ist ja bei uns nicht wie bei armen Leuten.“ Gut, der Wassermann ging also am nächsten Tag seine Verwandten einladen, und denen, die weiter weg wohnten, schickte er Fische als Boten. Die Wassermannfrau blieb zu Hause und kochte und briet. Bis zum späten Abend rührte sie in den Töpfen, schwenkte die Bratpfanne und klapperte mit den Schüsseln.

Zwischendurch gab sie dem kleinen Wassermann seinen Brei.

Siebenundzwanzig Verwandte hatte der Wassermann eingeladen und sechsundzwanzig von ihnen kamen. Es waren zwölf Wassermänner mit ihren Frauen, ein Brunnenmann und das Brückenweiblein von der Sankt-Nepomuks-Brücke. Der Brunnenmann wohnte im Röhrbrunnen hinter dem Spritzenhaus, er war schon sehr alt und trug einen weißen Bart. Die anderen Wassermänner und ihre Frauen kamen aus dem Dorfteich, aus dem Froschtümpel, aus

der Entenpfütze, aus dem Roten und aus dem Schwarzen Flössel, aus dem Forellenwasser, dem Steinbach und noch fünf anderen Bächen.
„Seid uns gegrüßt!“, sagte der Vater des kleinen Wassermanns. „Es ist recht, dass ihr euch alle so pünktlich eingefunden habt! Meine Frau und ich sagen allerseits besten Dank und wir hoffen auch, dass es euch schmecken wird.“
„Willst du uns nicht zuerst deinen kleinen Jungen zeigen?“, fragte der Wassermann aus dem Steinbach den Vater des kleinen Wassermanns.

„Nein“, entgegnete der Wassermannvater. „Zuerst einmal wollen wir tafeln, die Hauptsache bleibt für zuletzt.“

Da mussten sich die zwölf Wassermänner mit ihren Frauen, der Brunnenmann und das Brückenweiblein alle an den langen Tisch setzen, den der Mühlenweiher-

wassermann vor seinem Haus für sie aufgestellt hatte, denn in der Wohnstube wäre es viel zu eng gewesen für diese große Gesellschaft. Der Brunnenmann mit dem weißen Bart bekam den Ehrenplatz in der Mitte. Die Mutter des kleinen Wassermanns brachte den Gästen zuerst eine Suppe aus Wasserlinsen, dann ein Gericht von gebratenen Fischeiern mit gerösteten Algen. Danach tischte sie einen Salat auf, den sie aus eingelegter Brunnenkresse und klein gehackten Dotterblumenstängeln bereitet hatte. Und wer dann noch immer nicht satt war,

für den gab es zum Schluss noch
eine ganze Schüssel gedünsteten
Froschlaich mit eingesalzenen
Wasserflöhen. Ja, ja, es war eben
nicht wie bei armen Leuten.

„Du, sag einmal“, fragte der Wassermann aus dem Roten Flössel beim Nachtisch den Wassermann aus dem Mühlenweiher. „Hast du denn deinen Schwager, den Moormann, nicht eingeladen? Der hätte doch auch mit dazugehört – oder nicht?“
„Ja, was denkst du denn!“, sagte der Wassermannvater. „Ich werde doch nicht meinen Schwager, den Moormann, vergessen! Ich habe ihm meine schnellste Forelle als Botin hinaufgeschickt. Weiß der Hecht, weshalb er nicht kommt!“
„Er wird sich wohl“, meinte der Brunnenmann, „auf der weiten Reise

ein bisschen verspätet haben. Wie ich ihn kenne, kommt er bestimmt. Das kann er dir gar nicht antun. Aber wie steht es denn, willst du uns nun den kleinen Wassermann zeigen?"
„Wenn ihr wirklich schon satt seid", sagte der Wassermannvater, „dann hole ich ihn."
Aber gerade als er ins Haus gehen wollte, um seinen kleinen Jungen zu holen – was war das? Da wurde es plötzlich so finster im Mühlenweiher, dass man nicht einmal mehr die eigene Hand vor den Augen sah. Und die Wassermannfrauen riefen erschrocken: „Zu Hilfe, was ist denn?"

„Ach, nichts“, gab da jemand mit tiefer Stimme zur Antwort. „Das bin doch nur ich. Guten Tag.“
Und wen sahen sie, als sich die Dunkelheit wieder verlaufen hatte? – Den Moormann! Der hatte, als er gekommen war, einen tüchtigen Schwapp kaffeebraunen Moorwassers vor sich hergeschwemmt, das war alles.
„Willkommen bei uns!“, rief der Wassermannvater. „Wir dachten schon, dass du ausbleiben würdest. Ich wollte gerade ins Haus gehen und unseren kleinen Jungen herausholen.“

„Hol ihn!“, sagte der Moormann. „Inzwischen werde ich rasch eine Kleinigkeit essen.“
Er langte mit seinen braunen Händen auch gleich in die nächste Schüssel – es war die mit Dotterblumenstängel- und Brunnenkressesalat –, und eins, zwei, drei, war sie leer. Dann vertilgte er anderthalb

Teller gedünsteten Froschlaich mit eingesalzenen Wasserflöhen und tat sich danach an dem Rest von gebratenen Fischeiern gütlich.

„Man muss sich dranhalten“, sagte er schmatzend. „Das Reisen macht Appetit.“

Und so aß er und aß, bis der Wassermannvater wieder aus dem Hause kam und das Binsenkörbchen mit dem kleinen Jungen getragen brachte. Da ließ der Moormann Teller und Schüsseln stehen, sprang auf und rief so begeistert, dass er sich beinah verschluckt hätte: „Donnerwetter, ist das ein Junge!“

Und alle Wassermänner mit ihren Frauen, der Brunnenmann und das Brückenweiblein von der Sankt-Nepomuks-Brücke drängten sich auch um das Binsenkörbchen und riefen das Gleiche.
Aber nach einer Weile hob dann der Brunnenmann mit dem weißen Bart seine Hand und sagte: „Hört auf mit dem Durcheinandergerufe! Jetzt wollen wir unserem kleinen Wassermann Glück wünschen!“
„Recht so!“, stimmten die anderen zu.
Und nun wünschten sie, schön nach der Reihe, dem kleinen Wassermann

Glück und Gesundheit und langes Leben und alles, was man als kleiner Wassermann brauchen kann.
Der Moormann aber griff insgeheim in die Tasche und zog seine Flöte hervor. Und zuletzt, als die Reihe an ihm war, da sagte er: „Junge, ein fröhliches Herz sollst du haben!“
Dann spitzte er flugs die Lippen und setzte die Flöte an.
Hei, wie der Moormann dem kleinen Wassermann aufspielte!
Lustig war das zu hören – und lustig zu sehen! Aus jedem Flötenloch, das er aufdeckte, stieg nämlich immer zugleich mit den Tönen ein

dünner bräunlicher Wasserfaden empor. Und weil sich der Moormann beim Spielen verneigte und wiegte und drehte, wehten die Fäden wie eine Schleppe der Flöte nach – und es schien, dass sie tanzten.
Da nahmen sich die dreizehn Wassermänner an den Fäden ein Beispiel und tanzten mit ihren Wassermannfrauen gleich mit. Und der Brunnenmann mit dem weißen Bart und das Brückenweiblein von der Sankt-Nepomuks-Brücke fassten sich ebenfalls bei den Händen und drehten sich auch mit im Kreis.
Doch plötzlich blieben sie alle

stehen, wie angewurzelt, und staunten.
Sie staunten den kleinen Wassermann an.
Der war aus dem Binsenkörbchen herausgekrabbelt und schwamm nun, mit Armen und Beinchen rudernd, wohlgemut um den Moormann herum.
„Ist das möglich?“, fragte der Wassermannvater verwundert. „Der Hemdenmatz schwimmt schon?“
„Du siehst es ja“, sagte der Brunnenmann leise und strich sich den weißen Bart.
Mehr wusste auch er nicht zu sagen.

Julia Breitenöder   Maria Ernicke

Zehn Kuchen und eine Überraschung

„Komm schnell!“ Luisa zieht Emma vom Schulhof. „Ich habe keine Lust, zusammen mit Gabi zu laufen.“

„Sie ruft schon“, sagt Emma.

„Wir tun einfach so, als ob wir nichts hören“, flüstert Luisa. „Sie hat mich heute die ganze Zeit geärgert.“
Rumms! Jemand scheppert mit Schwung gegen Luisas Ranzen. Fast wäre sie auf die Straße gefallen.
„Mensch, Gabi! Pass doch auf!“, schimpft Emma. Sie hilft Luisa beim Aufstehen.
„Warum bist du so rot?“, fragt Luisa.
Gabis Gesicht sieht aus wie eine Tomate.

Sie ist so aufgeregt, dass sie nicht stillstehen kann.

„Ich muss euch was erzählen! Das glaubt ihr nie! Passt auf!“ Gabi hüpft auf und ab. „Frau Moormann hat morgen Geburtstag!“

Luisa und Emma sehen sich an.

„Woher weißt du das denn?“, fragt Emma.

„Ich glaube das nicht“, sagt Luisa.

„Sie hätte uns bestimmt Bescheid gesagt.“

Frau Moormann ist erst seit zwei Monaten ihre Klassenlehrerin. Und sie hat ihren Namen noch nicht in den Geburtstagskalender eingetragen, der in der Klasse hängt.
„Natürlich stimmt das!“ Gabi ist empört. „Frau Moormann hat es eben Frau Kling erzählt. Ich habe es genau gehört!“
„Und warum sagt sie es uns nicht?“, will Luisa wissen.
„Weil sie nicht gern feiert“, erklärt Gabi. „Das hat sie gesagt. Deshalb soll es ein Geheimnis sein. Aber ihre Familie macht trotzdem ein Fest.“
„Mit uns sollte sie auch feiern“,

findet Luisa. „Schließlich feiern wir auch alle unsere Geburtstage in der Schule.“

Emma nickt. „Und es ist immer schön.“

„Aber was machen wir denn jetzt?“, fragt Gabi.

Luisa hebt die Schultern. „Nichts Besonderes. Wir feiern einen ganz normalen Schulgeburtstag. Mit Kuchen, Ständchen und einem kleinen Geschenk.“

„Wer bekommt ein Geschenk?“

Simon und Fabian sind neben ihnen stehen geblieben.

„Stellt euch vor, Frau Moormann hat

morgen Geburtstag!“, ruft Gabi. „Wir wollen natürlich mit ihr feiern.“
„Echt?“ Fabian stößt Simon an.
„Ihr habt doch so viele Blumen im Garten. Da können wir einen großen Strauß für sie pflücken.“
„Gute Idee.“ Luisa nickt. „Emma und ich backen einen Kuchen.“
„Und was mache ich?“ Gabi guckt ganz unglücklich.

„Mal doch ein Bild für Frau Moormann“, schlägt Emma vor.
„Oder spiel ihr etwas mit der Blockflöte vor“, sagt Luisa.
Gabi klatscht in die Hände. „Au ja! Ich frage Merle, ob sie mitmacht! Tschüss!“
Sie rennt los.
„Wir gehen auch. Bis morgen!“, ruft Simon.
Emma winkt. „Bis später.“
Zum Glück darf Emma gleich nach dem Mittagessen bei Luisa vorbeikommen.
„Wir brauchen noch Eier und Zucker“, sagt Luisa.

Zusammen machen sie sich auf den Weg zum Supermarkt.

„Was meinst du? Sollen wir nicht allen aus der Klasse sagen, dass Frau Moormann Geburtstag hat?“, fragt Emma. „Dann können sie auch noch Bilder malen oder Blumen pflücken.“

„Das stimmt.“ Luisa nickt.

„Ich wäre beleidigt, wenn mir keiner etwas gesagt hätte.“

Beim Einkaufen treffen sie Selin und Martha.

„Frau Moormann hat morgen Geburtstag“, sagt Luisa.
„Das wissen wir schon. Gabi hat es uns erzählt“, berichtet Selin.
„Wir kaufen gerade Eier für einen Kuchen.“
„Aber wir wollten doch den Kuchen backen!“, ruft Luisa.
„Zwei Kuchen sind besser als einer“, erklärt Martha. „Wir backen einen Zitronenkuchen. Und ihr?“
Luisa und Emma sehen sich an.
„Schokolade.“

„Das passt doch gut zusammen“, sagt Selin. „Dann wird wenigstens jeder satt.“
Zu Hause setzt Luisa sich ans Telefon. Sie telefoniert sich durch die Klassenliste. Aber alle wissen schon von Frau Moormanns Geburtstag. Gabi hat es allen erzählt. Und jeder möchte etwas ganz Besonderes für sie machen.
„Aber wir backen einen Schokokuchen“, sagt Luisa jedem. Nicht, dass am Ende zehn Schokoladenkuchen auf dem Tisch stehen!
Als der Kuchen fertig ist, basteln sie eine Geburtstagskarte.

„Sollen wir auch ein paar Blumen pflücken?“, fragt Emma.
„Klar.“ Luisa geht voraus in den Garten. Am Zaun bleibt sie stehen.
„Riechst du das auch?“ Sie schnuppert.
Emma hält die Nase in die Luft. „Ja. Es duftet nach … Kuchen? Ist das unserer?“
Luisa schüttelt den Kopf. Sie zeigt

aufs Nachbarhaus. „Bestimmt bäckt Gabi auch.“
Emma lacht. „Also werden wir morgen nicht verhungern.“

Am nächsten Morgen geht Luisa früh los. In einer Hand trägt sie den Kuchen, in der anderen den Blumenstrauß. Die Karte steckt in ihrem Ranzen.
Emma wartet vor der Schule. „Fünf Leute mit Kuchen sind schon drinnen. Unserer ist die Nummer sechs.“
„Oh nein“, seufzt Luisa. „Dann ist es ja gar nichts Besonderes mehr!“
Emma zuckt mit den Schultern.

„Ich würde gern sechs Kuchen bekommen. Das fände ich toll.“ Nicht nur sechs Kuchen stehen auf dem Lehrertisch. Auch noch acht Blumensträuße und viele Karten und Geschenke. Und es werden immer mehr Kuchen, Blumen und Geschenke. Kurz vorm Klingeln huscht Gabi in die Klasse. Sie hat den zehnten Kuchen und ihre Blockflöte dabei. Alle sitzen mucksmäuschenstill auf ihren Plätzen. Endlich sind

im Gang Schritte zu hören. Die Türklinke wird heruntergedrückt, die Tür geht auf.
Frau Moormann steht noch nicht ganz in der Klasse, da singen schon alle. „Wie schön, dass du geboren bist.“
Frau Moormann bleibt wie angewurzelt stehen, die Hand immer noch an der Türklinke.
„Die Überraschung ist gelungen“, flüstert Emma.
„Aber warum kommt sie nicht rein?“, wundert sich Luisa.
Emma zuckt mit den Schultern. „Sie ist überwältigt“, sagt sie.

Sofort geht es weiter mit dem nächsten Lied. „Viel Glück und viel Segen“.

Frau Moormann bewegt sich immer noch nicht.

Emma steht auf. Sie nimmt Frau Moormann an der Hand und führt sie in die Klasse. Frau Moormann läuft ganz langsam. Sie sieht aus wie eine Schlafwandlerin.

Emma führt Frau Moormann zu ihrem Stuhl. Sofort setzt sie sich hin. „Hoch soll sie leben!“, singen alle. Bei „Dreimal hoch!“ heben Simon, Fabian, Ennes und Marlon den Stuhl ein Stück hoch. Frau Moormann

quiekt und hält sich an der Lehne fest.
Das Lied ist zu Ende. Alle sehen Frau Moormann an. Sie starrt zurück. Dann räuspert sie sich.
„Ich weiß gar nicht, was ich sagen

soll … Aber ich glaube, da ist irgendwas schiefgegangen …“

Gabi springt auf. „Wir wissen, dass Sie nicht feiern wollten. Aber wir wollen feiern.“

„Was …“, setzt Frau Moormann an. Weiter kommt sie nicht, denn schrille Flötentöne hallen durch die Klasse.

Luisa hält sich die Ohren zu. „Gabi und Merle hätten ein bisschen mehr üben sollen“, raunt sie Emma zu.

Kaum legen Gabi und Merle die Flöten zur Seite, steht Ennes neben Frau Moormann. Er hat seine Trommel im Arm. „Ich möchte auch etwas vorspielen!“

Schon trommelt er los. Frau Moormann reibt sich die Augen. So, als würde sie gerade aufwachen.
Ennes trommelt toll. Fabian fängt an zu klatschen. Bald klatschen alle Kinder mit. Martha und Gabi tanzen. Frau Moormann wippt mit dem Fuß.
„Das war großartig!“, sagt Frau Moormann, als Ennes seine Trommel eingepackt hat. „Aber ich verstehe nicht …“
„Jetzt sind wir dran“, verkündet Selin.
Frau Moormann seufzt und schüttelt den Kopf.

Selin legt eine CD ein. Vier Mädchen stellen sich auf. Musik erklingt, sie beginnen zu tanzen. Wie Elfen schweben sie durch das Klassenzimmer.

„Bravo! Zugabe!“, rufen alle nach dem Tanz.

Frau Moormann klopft auf den Tisch und versucht etwas zu sagen.

„Möchten Sie ein Stück Kuchen?“, fragt Emma.

„Nein!“, ruft Frau Moormann und springt auf. „Ich möchte, dass ihr mir zuhört!“

„Aber wir sind noch nicht fertig“, sagt Fabian.

Gabi drückt Frau Moormann sanft zurück auf den Stuhl. Emma schneidet ein Stück Kuchen für sie ab.

„Es dauert nicht mehr lange“, verspricht Fabian. „Simon und ich erzählen ein paar Witze.“

„Wir haben ein Gedicht auswendig gelernt!“, rufen Emil und Marlon.

„Und dann singen wir alle zusammen noch ein Lied“, sagt Luisa.
Frau Moormann stützt den Kopf in die Hände. „Gut, gut, tut das. Und dann reden wir.“
„Seltsam. Sie sieht überhaupt nicht begeistert aus“, flüstert Luisa.
„Ich verstehe das nicht“, wispert Emma zurück.
Nach Witzen und Gedicht singen alle „Zum Geburtstag viel Glück“. Dann wird es ganz still in der Klasse. Alle sehen Frau Moormann an. Hoffentlich sagt sie jetzt nicht, dass sie sich gar nicht freut! Luisa beißt sich auf die Lippe.

Frau Moormann
räuspert sich.
„Erst einmal
möchte ich mich
bei euch bedanken.

Die Überraschung ist
euch gelungen. Aber sagt mal …
wie kommt ihr auf die Idee, dass ich
heute Geburtstag habe?“
Alle drehen sich zu Gabi um. Die
starrt auf den Boden.
„Haben Sie nicht?“, fragt Luisa.
Frau Moormann schüttelt den Kopf.
„Nein. Mein Geburtstag ist erst in
drei Monaten. Deshalb bin ich etwas
überrascht.“

„A…a…aber“, stottert Gabi, „gestern, da haben Sie doch mit Frau Kling geredet und gesagt …“
„Ach, deswegen!“ Frau Moormann lacht. „Da habt ihr leider etwas falsch verstanden. Völlig falsch.“ Sie kann gar nicht mehr aufhören zu lachen.
Plötzlich kichert Gabi los. Dann

Selin. Dann Simon und Fabian. Am Ende lacht die ganze Klasse.
„Das ist zu witzig“, keucht Frau Moormann. Vor lauter Lachen laufen ihr Tränen über die Wangen. Sie wischt sie weg. „So eine wunderbare Geburtstagsfeier hatte ich noch nie. Nur leider habe heute nicht ich Geburtstag. Sondern meine Großtante.“
Schlagartig wird es still in der Klasse. „Ja, für sie haben wir eine Überraschungsparty geplant. Darüber habe ich mit Frau Kling gesprochen.“
Luisa lässt den Kopf hängen. Alles umsonst!

Frau Moormann spricht weiter.
„Aber ich habe eine Idee. Wir be-
suchen jetzt meine Großtante. Sie
wohnt nicht weit weg. Die Blumen
und Kuchen nehmen wir mit. Und ihr

singt für sie. Das wird eine richtige Überraschung."

„Au ja!" Alle ziehen ihre Jacken an.

„Wenigstens gibt es ein Geburtstagskind", sagt Luisa. „Ich dachte schon, alles wäre total falsch."

„Zum Glück!" Emma lacht. „Das heute war die Generalprobe. Und in drei Monaten feiern wir dann richtig!"

Andrea Hensgen   Béatrice Rodriguez

Auf kleinen Pfoten kommt das Glück

Wenn die Stadt noch leer und still ist, früh am Morgen, steht der kleine Mann auf und geht aus dem Haus. Er geht zu seiner Arbeit in die Bäckerei, stellt sich vor die große Teigschüssel, formt Kugeln und schiebt sie in den Ofen. Schon eine Stunde später warten die ersten

Kunden vor der Theke auf ihre frischen Brötchen.

Manchmal, wenn er ein bisschen müde und verschlafen ist, lehnt

sich der kleine Mann an einen der dicken Mehlsäcke und ruht sich aus. Erwischt ihn der Bäckermeister dabei, gibt es Schimpfe.
Der Bäckermeister hat eine laute Stimme. Er schreit, wenn der kleine Mann die Brötchen zu lange im Ofen lässt oder zu langsam durch die Backstube geht.
Um nicht ganz traurig zu werden wegen all der Schimpfe, hat sich der kleine Mann einen kleinen Hund gekauft. Kommt der kleine Mann mittags heim, wird er schon erwartet. Der kleine Mann schimpft nicht mit dem kleinen Hund, wenn er vor

lauter Freude zu wild und zu laut durch das Zimmer saust.
Und beginnt der kleine Hund zu winseln, vor Ungeduld, weil er endlich nach draußen will, steht der kleine Mann eben ein bisschen früher von seinem Mittagsschläfchen auf. Schnüffelt der kleine Hund an jeder Straßenlaterne, wartet der kleine Mann. Wälzt sich der kleine Hund in einer Matschpfütze, seufzt der kleine Mann und wundert sich, was kleinen Hunden Freude macht.
Und abends legt sich der kleine Hund auf den grünen Teppich vor dem Bett des kleinen Mannes. Beide

schlafen gut die ganze Nacht. Keiner stört sich am anderen, obwohl sie beide ein bisschen schnarchen.

Der kleine Mann wäre gerne ein bisschen stolz auf seinen kleinen Hund. Deshalb meldet er ihn zum großen Hunderennen an, am nächsten Sonntag.

Fast die ganze Stadt hat sich auf den Bänken rund um die Rennbahn versammelt. Auf der Ehrentribüne sitzen der Präsident des Hundevereins, der Bürgermeister und alle sonstigen wichtigen Leute. Natürlich

auch der Bäckermeister. Die Hundehalter drängen sich aufgeregt am Rand der Rennbahn. Die Hunde warten in den Startboxen.
Der kleine Hund zittert. Er wird rennen, so schnell er nur kann.
Da knallt es laut. Jemand hat mit einer Pistole geschossen!
Ein furchtbarer Schreck fährt in den kleinen Hund. Er flitzt zu dem nächsten Mann, der ihn vielleicht beschützen kann – und pinkelt.
Der Schiedsrichter steckt die Pistole ein und sieht auf den nassen Fleck an seinem linken Hosenbein. Vor ihm steht der kleine Mann.

Der kleine Mann stottert eine Entschuldigung und nimmt den kleinen Hund auf seinen Arm. Zwei Runden sind die anderen

Hunde schon gerannt, ein Holzkaninchen dicht vor ihren Augen.
Der kleine Hund schiebt seine Schnauze tief zwischen Hemd und Brust des kleinen Mannes. So trägt der kleine Mann ihn heim, vorbei an dem Bäckermeister und allen Leuten.
Auf dem langen Weg durch die stille Stadt denkt der kleine Mann, dass es bei den Hunden vielleicht wie bei den Menschen ist. Da gibt es welche, die haben viel Mut, und welche, die haben schnell Angst. Er spürt die Wärme und das Zittern des kleinen Hundes an seiner Brust.

Am Montagmorgen begrüßt der Bäckermeister den kleinen Mann mit einem spöttischen Grinsen. Der kleine Mann aber sieht ihn an und denkt daran, wie er gestern Abend mit seinem kleinen Hund im Garten gespielt hat …

Es geschieht noch ein paarmal, dass der kleine Mann stillvergnügt das Schimpfen seines Chefs erwidert. Dann endlich hört der Bäckermeister damit auf, in der Backstube herumzubrüllen.

Rätsel

Welche Buschbewohner sind nachts unterwegs?
Welches Tier ist nicht im Nationalpark zu finden?

Jo Pestum Mathias Weber

Die Wilden Acht

An einem Abend saß der Boxer am Fluss und kühlte sich die Füße, weil er einen anstrengenden Streit mit Kater Pipo hinter sich hatte. Plötzlich sah der Boxer das Boot.
„Do-do-do-donnerwetter!", rief der Boxer. „Ich will Kaktus Spekulatius heißen, wenn das nicht mein alter Freund Fetzer ist!"

Aufgeregt winkte der Piratenpapagei. „Und ob ich das bin, du alter Freund Boxer! Etwas ganz furchtbar Wichtiges habe ich dir zu erzählen. Staunen wirst du!"

War das eine Freude, als die beiden alten Freunde sich begrüßten! Sie hatten sich nämlich lange nicht gesehen.

Der Piratenpapagei fing an zu erzählen: „Du weißt, Freund Boxer, dass ich viele Jahre lang mit den Piraten über die Sieben

Weltmeere gefahren bin. Alle Seeräuber haben nach der Wunderinsel gesucht, doch keiner der Piraten hat sie gefunden."

Der Boxer nickte. „Das weiß ich."

Da schrie der Piratenpapagei jauchzend: „Aber ich, ich habe das Rätsel gelöst!"

„Do-do-do-donnerwetter!", staunte der Boxer.

Der Piratenpapagei flüsterte: „Unglaublich schlaue Berechnungen habe ich gemacht. Dazu habe ich sieben Jahre gebraucht. Und jetzt weiß ich haargenau, wo die geheimnisvolle Wunderinsel zu finden ist.

Du wirst mit mir auf die Reise gehen, Freund Boxer!“
Traurig antwortete der Boxer: „Ich kann dich nicht begleiten. Ich fühle mich alt und schlapp. Außerdem

trage ich ein künstliches Gebiss mit falschen Zähnen. Das darfst du aber keinem verraten. Ich lege Wert darauf, von allen Katern gefürchtet zu werden."

Der Piratenpapagei war sehr traurig, weil sein Freund Boxer die gefährliche Reise zur Wunderinsel nicht mitmachen wollte. Aber der Boxer hatte einen Trost. Er sagte: „Ich stelle dir eine tollkühne Truppe mit erstklassigen Spezialisten zusammen."

„Wir müssen zu siebt sein", erklärte Fetzer, „denn die Zahl 7 ist eine Zauberzahl."

Zuerst suchten sie den Kampfsalamander in seiner Höhle auf. Kaum hatte der Piratenpapagei seinen Plan vorgetragen, da rief der Kampfsalamander auch schon: „Wo Abenteuer locken, da bin ich dabei! Mit meinem Säbel habe ich schon Störche und Füchse in die Flucht geschlagen.“
Oben auf dem Baum kreischte die Karate-Krähe Käthe: „Hah! So tapfer

wie der Kampfsalamander bin ich dreimal! Kein langes Gerede. Ich komme natürlich auch mit.“

Da steckte die Wasserratte plötzlich ihren Kopf aus einem vergammelten Abflussrohr und fauchte: „Unerhört! Ist da von einer gefährlichen Reise die Rede? Warum werde ich nicht zuallererst gefragt, ob ich mich an dem Abenteuer beteiligen möchte?“

„Das ist Wally, die Wasserratte“, sagte der Boxer.
„Bist du wirklich so mutig, wie du aussiehst?“, fragte der Piratenpapagei bewundernd.
„Noch viel mutiger!“, entgegnete Wally.
„Dann sei willkommen in meiner Mannschaft!“, rief der Piratenpapagei froh.
Wally hatte noch eine persönliche Bitte. „Mir wäre es lieb, wenn der Igel auch mitkäme. Er ist Wunderheiler und Giftmischer zugleich. So einer kann in der Gefahr immer von Nutzen sein. Eisenbart ist sein Name.“

Der Igel, der wie immer gelauscht hatte, schrie: „Doktor Eisenbart! Doktor! Ich lege Wert auf den Titel. Ohne einen berühmten Arzt könnt ihr die Reise nicht wagen. Also, ich bin dabei. Schaut euch mal meine Stacheln an!"
„Angeber!", schimpfte der Kampf-salamander.
„Was soll denn das bedeuten?",

fragte der Piratenpapagei, als der Boxer ihn zum Holzbeinhuhn Notburga führte. „So ein zerzaustes Huhn nehme ich nicht mit.“

Der Boxer lachte. „Du kennst Notburga eben noch nicht! Sie ist ganz allein aus einer Legebatterie entkommen und hat zwei Schäferhunde und einen dicken Mann niedergerungen.“

Der Piratenpapagei murmelte: „Wie man sich irren kann!“ Er fragte das Holzbeinhuhn: „Traust du dich, mit uns zu reisen?“

„Frag nicht so dumm!“, gackerte Notburga und nickte dazu.

Dann gingen sie zum Schlaffrosch Paul. „Er ist ein gefährlicher Scharfspucker“, erklärte der Boxer. Eigentlich hatte Paul keine Lust auf eine lange Reise. „Gibt es auf der Wunderinsel wenigstens was zu spucken?“, wollte er wissen.

„Worauf du dich verlassen kannst!“, rief der Piratenpapagei.
„Also, meinetwegen“, nörgelte Schlaffrosch Paul.
Da hatte Fetzer wirklich eine erstklassige Mannschaft beisammen.
Gebannt hörten alle dem Piratenpapagei zu. „Auf der geheimnisvollen Wunderinsel blühen Blumen von unbeschreiblich schönen Farben. Und erst die Bäume! So etwas habt ihr noch nie gesehen. Edelsteine glitzern in den Felsen und bunte Perlen. Wir werden die Entdecker sein. Was sagt ihr nun, Freunde?“

Die Karate-Krähe Käthe krähte: „Wie kommen wir denn überhaupt hin zu der Insel? Wir haben doch gar kein Schiff!“
Der Piratenpapagei lächelte. „Es wird eine Ballonreise.“

„Hauptsache, es gibt ordentlich was zu spucken“, quakte der Schlaffrosch Paul.
Der Piratenpapagei und seine wilden

Freunde schwärmten aus, um all die Sachen zu rauben, die sie für die Reise unbedingt brauchten.
Ballone waren nötig und eine Gondel, und ein Kompass sollte ihnen auch in der Luft die richtige Richtung zeigen. Sie durften auch die Sprechfunkgeräte nicht vergessen, denn sie wollten ja mit dem Boxer in Verbindung bleiben.
Mit den erbeuteten Bananen füllten sich die Abfahrer die Bäuche für die lange und gefährliche Reise. In der kleinen Bananenkistengondel war kein Platz für Butterbrote, Äpfel und Regenwürmer.

„Do-do-do-donnerwetter!“, rief der Boxer aus. „Hoffentlich platzt ihr nicht!“

Früh im ersten Sonnenlicht bestiegen die sieben Abfahrer am nächsten Tag die Bananenkisten-gondel. Wie herrlich die Luftballone leuchteten! Wie stark der Wind blies!

„Ahoi, Freund Boxer“, befahl der Piratenpapagei, „kapp die Haltetaue!“

Da hieb der Boxer mit einem Beil die Stricke entzwei, die die Ballone und die Gondel und die wilde Mannschaft am Boden festgehalten hatten.

Huiii! Aufwärts ging’s bis zu den

Wolken hinauf. „Nur Mut, meine Freunde!“, rief der Piratenpapagei. Da schrien die anderen laut: „Wir haben Mut, Kapitän!“ Und sie jubelten: „Wir werden die Wunderinsel finden!“

Hoch am Himmel schwebten sie davon, über Land und Meer.
Doch als der Piratenpapagei Fetzer und seine Freunde endlich ihr geheimnisvolles Ziel erreichten, wartete eine schreckliche Überraschung auf sie.
Da stand der blutrote Piratenkater und lachte schadenfroh. Er wetzte seinen Seeräubersäbel und rief: „Hoho, Fetzer, ich und meine Mannschaft, wir haben vor dir die Wunderinsel entdeckt! Und ihr seid jetzt unsere Gefangenen!“
„Wir setzen uns zur Wehr!“, schrie der Kampfsalamander.

Aber der Piratenpapagei hielt seine Leute zurück. „Keiner verlässt die Bananenkistengondel!“, befahl er. „Gegen diese Übermacht kommen wir nicht an. Es gibt nur einen, der es mit diesem Kater aufnehmen kann.“ Sofort nahm der Piratenpapagei über den Satelliten-Sprechfunk

Kontakt mit dem Boxer auf. Ihr Gespräch ging so:
Der Piratenpapagei: „Freund Boxer, komm uns zu Hilfe! Wir sind auf der Wunderinsel angekommen, aber wir werden von fürchterlichen Katern bedroht!“
Der Boxer: „Ach, Fetzer, ich kann euch doch nicht helfen! Ich bin alt und schlapp. Außerdem habe ich doch dieses Gebiss mit künstlichen Zähnen!“
Der Piratenpapagei: „Das wissen diese Kater doch nicht! Willst du etwa deine alten Freunde im Stich lassen?“

Der Boxer: „Nein, das will ich nicht!
Aber wie soll ich euch denn finden?
Die Seekarte hast doch du!“

Der Piratenpapagei: „Fahr mit dem Holzschuhboot den Fluss hinunter bis zum Meer! Und dann paddelst du in Richtung Süd-Süd-Ost! Wir leiten dich über das Funksignal! Beeil dich, wir sind in großer Gefahr! – Ende!"
Fast hatten die Freunde alle Hoffnung verloren. Da tauchte plötzlich an einem Morgen das Boot mit dem Boxer auf.
Wally, die Wasserratte, stieß einen Freudenschrei aus. „Der Boxer ist da!"
Und alle brüllten vor Freude: „Der Boxer ist da!"
Als der blutrote Piratenkater und

seine Seeräuber den Boxer sahen, wie er die Zähne fletschte und die Fäuste schwang, da schrien sie vor Angst und ergriffen die Flucht.

Und nun leben der Piratenpapagei und der Kampfsalamander und die Karate-Krähe Käthe und Wally, die Wasserratte, und der Igel Dr. Eisenbart und das Holzbeinhuhn Notburga und der Schlaffrosch Paul und der Boxer auf der geheimnisvollen Wunderinsel mitten im Meer.

Die Wilden Acht führen ein aufregendes Leben und sind sehr glücklich.

Michael Ende Michael Bayer

Tranquilla Trampeltreu, die beharrliche Schildkröte

Eines schönen Morgens saß die Schildkröte Tranquilla Trampeltreu vor ihrer kleinen gemütlichen Höhle in der Sonne und verspeiste geruhsam ein Wegerichblatt.
Über ihr, in den Zweigen eines uralten Ölbaumes, saß die Taube Sulaika Silberkropf und putzte ihr

schimmerndes Gefieder. Da kam der Täuberich Salomon Silberkropf geflogen, verbeugte sich mehrmals und rief: „O Sulaika, du Freude meines Herzens, hast du es schon vernommen? Der Große Sultan aller

Tiere, Leo der Achtundzwanzigste, wird Hochzeit feiern. Darum lass uns zusammen zu seiner Höhle fliegen, du Licht meiner Augen!“

„O mein Herr und Gebieter“, gurrte die Taube, „sind wir denn eingeladen?“

„Sei unbesorgt, du Stern meines Lebens“, antwortete Salomon Silberkropf und verbeugte sich noch ein paarmal, „alle Tiere, groß und klein, alt und jung, dick und dünn, nass und trocken, sind eingeladen, also auch wir. Es soll das schönste Fest werden, das es je gegeben hat. Aber wir müssen uns beeilen, denn der

Weg zur Löwenhöhle ist sehr weit und das Fest ist schon bald."
Sulaika nickte, und beide Tauben flogen davon.
Tranquilla Trampeltreu, die alles gehört hatte, versank in so tiefes Nachdenken, dass sie sogar vergaß, den Rest ihres Frühstücks aufzuessen.

„Wenn alle Tiere, groß und klein, alt und jung, dick und dünn, nass und trocken, zu der Hochzeit eingeladen sind“, so sprach Tranquilla zu sich selbst, „dann bin ich es wohl auch. Warum sollte ich also nicht auch auf das schönste Fest gehen, das es je gegeben hat?“
Nachdem sie den ganzen Tag und die darauffolgende Nacht hindurch

nachgedacht hatte, stand ihr Entschluss fest.
Kaum war die Morgensonne aufgegangen, setzte sie sich in Bewegung, Schritt für Schritt, langsam zwar, aber unaufhaltsam.
Als sie schon fast den ganzen Tag so dahingekrabbelt war, kam sie an einem Dornbusch vorüber. Dort wohnte die Spinne Fatima Fadenkreuz inmitten ihres prächtigen Netzes.
„He, Tranquilla Trampeltreu", rief die Spinne, „wohin denn so eilig, wenn man fragen darf?"
„Guten Abend, Fatima Fadenkreuz!",

antwortete die Schildkröte und blieb stehen, um ein wenig zu verschnaufen. „Wie du weißt, hat unser Großer Sultan, Leo der Achtundzwanzigste, alle Tiere zu seiner Hochzeit eingeladen. Deshalb gehe ich auch hin.“

Fatima Fadenkreuz schlug ihre langen Vorderbeine über dem Kopf zusammen und begann so zu kichern, dass ihr ganzes Netz bedenklich zu wippen anfing.

„O Tranquilla“, stieß sie endlich hervor, „du Langsamste der Langsamen – wie willst du je dort hinkommen?“

„Schritt für Schritt“, sagte Tranquilla.

„Und hast du auch bedacht“, rief Fatima Fadenkreuz, „dass die Hochzeit bereits in vierzehn Tagen sein wird?“
Tranquilla blickte zuversichtlich auf ihre kurzen, stämmigen Beinchen und antwortete: „Ich werde schon rechtzeitig dort sein.“
„Tranquilla!“, sagte die Spinne

mitleidig. „Tranquilla Trampeltreu! Selbst für mich wäre der Weg zu weit, und ich habe nicht nur flinkere Beine, sondern auch doppelt so viele. Sei vernünftig! Gib's auf und geh nach Hause!“

„Das geht leider nicht“, antwortete die Schildkröte freundlich, „mein Entschluss steht fest.“
„Wem nicht zu raten ist, dem ist nicht zu helfen!“, sagte die Spinne und begann unwillig an ihrem Netz zu stricken.
„Das stimmt“, erwiderte Tranquilla, „also dann auf Wiedersehen, Fatima Fadenkreuz.“
Damit stapfte sie los. Die Spinne kicherte boshaft vor sich hin und wisperte: „Lauf bloß nicht zu schnell, sonst kommst du am Ende noch zu früh!“
Tranquilla Trampeltreu aber

wanderte weiter über Stock und Stein, durch Sand und Hain, bei Nacht und Sonnenschein.
Als sie einmal an einem kleinen Teich vorüberkam, machte sie Rast, um zu trinken. Auf einem Efeublatt saß die Schnecke Scheheresade

Schleimig, die beguckte sich die Schildkröte mit langen Stielaugen.
„Guten Tag!“, sagte Tranquilla freundlich.
Es dauerte eine gute Weile, bis die Schnecke sich so weit gesammelt hatte, dass sie antworten konnte.
„Du lieber Himmel!“, knatschte sie unendlich langsam. „Du kannst aber schnell laufen! Ganz schwindelig wird einem bloß vom Zusehen.“
„Ich gehe auf die Hochzeit unseres Großen Sultans, Leos des Achtundzwanzigsten“, erklärte Tranquilla. Diesmal dauerte es noch länger, bis Scheheresade ihre

klebrigen Gedanken so weit geordnet hatte, dass sie mühsam hervordrucksen konnte: „Wie schnecklich! Da bist du ja in die ganz falsche Richtung gelaufen!“
Sie deutete mit ihren Fühlhörnern verwirrt in der Gegend herum: „Dahinnichtdorthinvondaherichmeinehierher! – Hiernichtdadorthinmirhernichnordhinda da du da …“, und sie verwickelte sich rettungslos in ihrer schwierigen Erklärung.
„Macht nichts“, sagte Tranquilla, „dann weiß ich’s jedenfalls jetzt. Wohin, sagtest du, muss ich gehen?“
Die Schnecke war so durcheinander,

dass sie in ihr Haus zurückschrumpf-
te und erst nach einer halben Stunde wieder zum Vorschein kam.

Tranquilla wartete geduldig, bis Scheheresade die Sprache wieder-
gefunden hatte.

„Du lieber Himmel!“, jammerte die

Schnecke. „Was für ein Unglück! Du hättest nach Süden gehen müssen und nicht nach Norden. Genau umgekehrt hättest du gehen müssen."
„Vielen Dank für den Hinweis!", antwortete Tranquilla und drehte sich umständlich in die entgegengesetzte Richtung.
„Aber das Fest ist doch schon übermorgen!", rief die Schnecke weinerlich.
„Ich werde schon rechtzeitig dort sein", sagte Tranquilla.
„Nie!", seufzte die Schnecke und blickte die Schildkröte schwermütig an. „Nie und nimmer! Ja, wenn

du von Anfang an in die richtige Richtung gelaufen wärst – dann vielleicht. Aber nun ist alles hoffnungslos. Alles war umsonst. Wie schnecklich!“

„Du kannst dich gern auf meinen Panzer setzen, wenn du mitkommen willst“, schlug Tranquilla vor.

Scheheresade Schleimig senkte ergeben ihre Stielaugen. „Es hat keinen Sinn. Es ist zu spät, viel zu spät. Niemals würden wir hinkommen.“

„Doch“, sagte Tranquilla, „Schritt für Schritt.“

„Ich bin so traurig“, knatschte die Schnecke, „bleib bei mir und tröste mich!“

„Das geht leider nicht“, sagte Tranquilla freundlich, „mein Entschluss steht fest.“ Damit setzte sie sich von Neuem in Bewegung, nun in die entgegengesetzte Richtung. Scheheresade Schleimig blickte ihr noch lange Zeit mit tränenfeuchten Stielaugen nach und machte fortwährend beschwörende Bewegungen mit ihren Fühlhörnern. Wieder wanderte die Schildkröte nun viele Tage lang in der anderen Richtung über Stock und Stein, durch Sand und Hain, bei Nacht und Sonnenschein.

Schließlich begegnete sie dem Eidechserich Zacharias Zierfuß, der auf einem sonnenbeschienenen Stein lag und döste. Sein smaragdgrünes Schuppenkleid glitzerte

kostbar. Als die Schildkröte sich näherte, öffnete er ein Auge, blinzelte und sagte schläfrig: „Halt! Wer ist man? Woher kommt man? Wohin will man?“

„Ich heiße Tranquilla Trampeltreu", sagte die Schildkröte, „ich komme vom uralten Ölbaum und will zur Löwenhöhle."
Zacharias Zierfuß gähnte. „Ei, ei, und was hat man dort zu suchen?"
„Ich gehe auf die Hochzeit unseres Großen Sultans, Leos des Achtundzwanzigsten, denn er hat alle

Tiere dazu eingeladen, also auch mich“, antwortete Tranquilla.
Nun öffnete Zacharias Zierfuß erstaunt auch sein anderes Auge und betrachtete die Schildkröte herablassend. „Wie stellt sich so ein armseliger Staubschlucker wohl vor“, näselte er nach einer Weile, „jetzt noch dorthin zu kommen?“
„Schritt für Schritt“, sagte Tranquilla.
Zacharias Zierfuß stützte sich auf die Ellbogen und trommelte mit den Fingern. „Ei, ei, auf so gemächliche Weise will man zu einer Hochzeit gehen, die schon vor einer Woche gewesen wäre?“

„Ist sie denn nicht vor einer Woche gewesen?“, fragte Tranquilla.
„Nein“, antwortete Zacharias Zierfuß faul.
„Fein“, sagte Tranquilla erfreut, „dann werde ich ja doch noch rechtzeitig dort sein.“
„Das wird man ganz bestimmt nicht! Als hoher Beamter des Löwenhofes erkläre ich hiermit: Die Hochzeit ist vorläufig abgesagt. Leo der Achtundzwanzigste musste ganz plötzlich in den Krieg gegen den Tiger Sebulon Säbelzahn ziehen. Man kann also getrost wieder nach Hause zurückkehren.“

„Das geht leider nicht“, antwortete Tranquilla Trampeltreu, „mein Entschluss steht fest.“
Damit ließ sie den Eidechserich links liegen und stapfte weiter.
Zacharias Zierfuß aber starrte dösig vor sich hin und murmelte immer

wieder: „Man fragt sich wirklich … also man fragt sich wirklich …“
Wieder wanderte die Schildkröte viele Tage lang über Stock und Stein, durch Sand und Hain, bei Nacht und Sonnenschein.
Als sie eine Felsenwüste durchquerte, begegnete sie einer Gesellschaft von Raben, die auf einem dürren Baum hockten und in düstere Gedanken versunken schienen.
Tranquilla Trampeltreu blieb stehen, um sich nach dem Weg zu erkundigen.
„Hatschi!“, krächzte einer der Raben, noch ehe sie etwas gesagt hatte.

„Gesundheit!“, rief Tranquilla freundlich.
„Ich habe nicht geniest“, schnarrte der Rabe grämlich, „ich habe mich nur vorgestellt. Ich bin der Weise Hatschi Halef Habakuk.“
„O Verzeihung!“, sagte sie. „Ich

heiße Tranquilla Trampeltreu und bin nur eine einfache Schildkröte. Kannst du mir bitte sagen, weiser Habakuk, ob es hier zur Höhle unseres Großen Sultans, Leos des Achtundzwanzigsten, geht? Ich bin nämlich auf seine Hochzeit eingeladen."
Die Raben warfen sich untereinander bedeutungsvolle Blicke zu und hüstelten.
„Ich könnte es dir wohl sagen", erklärte Habakuk und kratzte sich mit der Kralle den Kopf, „aber es würde dir nichts mehr nützen. Dort nämlich, wo unser Großer Sultan jetzt ist, können selbst wir, die Weisen, nicht

hingelangen. Du aber, armes unwissendes Krabbeltier, wie solltest du mit deinem kurzen Verstand jemals dort hinfinden?“

„Schritt für Schritt“, sagte Tranquilla.

Wieder wechselten die Raben untereinander bedeutungsvolle Blicke und hüstelten.

„O du verblendetes Geschöpf!“, krächzte Habakuk feierlich. „Wovon du redest, das ist längst vergangen. Und die Vergangenheit holt niemand ein.“

„Ich werde schon rechtzeitig dort sein“, sagte Tranquilla zuversichtlich.

„Unmöglich!“, antwortete Habakuk mit Grabesstimme. „Siehst du nicht, dass wir Trauerkleider tragen? Vor wenigen Tagen haben wir unseren Großen Sultan, Leo den Acht-undzwanzigsten, begraben. Er war im Kampf mit dem Tiger Sebulon

Säbelzahn so schwer verwundet worden, dass er sterben musste."
„Ach", sagte Tranquilla Trampeltreu, „das tut mir aber wirklich leid."
„Darum kehre heim", fuhr Habakuk fort, „oder bleibe hier und trauere mit uns."
„Das geht leider nicht", antwortete Tranquilla freundlich, „mein Entschluss steht fest."
Damit machte sie sich von Neuem auf den Weg.
Die Raben blickten missbilligend hinter ihr her, dann steckten sie die Köpfe zusammen und krächzten: „Diese verstockte Person! Will doch

tatsächlich auf die Hochzeit von jemandem gehen, der schon längst gestorben ist!“

Wieder stapfte Tranquilla Trampeltreu viele Tage über Stock und Stein, durch Sand und Hain, bei Nacht und Sonnenschein. Und zuletzt gelangte sie in einen Wald voller blühender Bäume.

In der Mitte des Waldes lag eine große Blumenwiese. Und auf dieser Wiese waren viele Tiere versammelt, große und kleine, alte und junge, dicke und dünne, nasse und

trockene, die alle sehr vergnügt und voll freudiger Erwartung waren.
„Ach bitte“, fragte Tranquilla Trampeltreu einen kleinen Seidenaffen, der neben ihr auf und nieder hüpfte und in die Hände klatschte, „wo geht es hier zur Höhle unseres Großen Sultans?“

„Aber du stehst doch schon davor", rief das Äffchen (es hieß übrigens Jussuf Juckfinger, aber das ist hier nicht mehr wichtig), „dort drüben ist der Eingang!"

„Und ist dies vielleicht", fragte Tranquilla Trampeltreu bedächtig, „die Hochzeit unseres Großen Sultans, Leos des Achtundzwanzigsten?"

„Aber nein!", rief das Äffchen. „Du musst wirklich von sehr weit herkommen! Heute feiert doch, wie jeder weiß, unser neuer Großer Sultan, Leo der Neunundzwanzigste, seine Hochzeit."

In diesem Augenblick erschien im

Eingang der Höhle ein herrlicher junger Löwe mit einer gewaltigen Mähne, die wie die Sonne leuchtete. Und neben ihm stand eine wunderschöne junge Löwin. Und alle Tiere riefen „Vivat!“ und „Lang lebe das Hochzeitspaar!“, und dann wurde getanzt und gespielt und geschmaust und gesungen bis in die tiefe Nacht hinein. Und die Glühwürmchen leuchteten, und die Nachtigallen und Grillen musizierten. Mit einem Wort, es war wirklich das schönste Fest, das es je gegeben hat. Und mitten unter den Hochzeitsgästen saß Tranquilla Trampeltreu,

ein bisschen müde zwar, aber sehr glücklich, und sprach: „Ich hab's doch immer gesagt, dass ich rechtzeitig da sein werde."

Susanne Glanzner Marion Elitez

Lucys Piratenpakt

„Na, jetzt lach doch mal!“ Mama saß neben dem Schulfotografen auf einem Schreibpult und versuchte, Lucy zu einem Lächeln zu bewegen.

Doch die stand mit zerzausten roten Locken und ihrer

Schultüte vor der
Tafel, auf die ihr Name
und das Schuljahr
geschrieben waren,
und sah aus, als wollte
sie davonlaufen.
„Lucy …“, bat Mama seufzend, „… nur zwei Sekunden.
Später wirst du dich ärgern,
dass du auf deinem ersten Schulfoto so böse geschaut hast.“

„Mir ist das Schulfoto egal. Ich will nämlich gar nicht in die Schule gehen!“, gab Lucy motzend zurück.
„Weiß ich doch“, erwiderte Lucys Mutter. „Aber ändern kann ich es ja

nun auch nicht. Du wirst zur Schule gehen müssen, ob du willst, oder nicht.“

Der Schulfotograf knipste in dem Moment, als Lucy die Stirn runzelte und so böse dreinschaute, dass sogar Graf Dracula vor ihr davongerannt wäre.

Es war ein rabenschwarzer Tag für Lucy. Nicht mal die kleine Feier, die Mama am Nachmittag zu ihrem ersten Schultag organisiert hatte, konnte sie trösten, denn Lucy wollte nicht zur Schule gehen. Auch nicht, wenn Oma und Opa

ihr eine Himbeertorte mitbrachten, Tante Bea ihr eine neue Jacke schenkte und ihre Cousine Klara lustige Geschichten aus der Schule zum Besten gab. Als würde sie sich mit Geschenken bestechen lassen. Sie war doch kein gewöhnliches Mädchen, das für eine neue

Puppe vergessen würde, dass sie etwas tun sollte, was sie nicht wollte: Lucy fand Schule doof und total überflüssig, denn sie war sich ganz sicher, dass man ihr auch im Kindergarten alles hätte beibringen können, was sie wissen musste. Schließlich war Maja, ihre Erzieherin, ja nicht blöd. Eine bessere Lehrerin als Maja gab es an gar keiner Schule, da war sich Lucy sicher. Maja hatte ihr alles beigebracht, was Lucy bis dahin wusste, und das war eine ganze Menge: Sie konnte bis einhundert zählen, bereits die ersten zehn Buchstaben des Alphabets schreiben, einen Kopfstand machen und sogar ein paar Wörter englisch sprechen. Außerdem war sie im Kindergarten die Expertin für Piraten und Seefahrer. Darüber wusste sie mehr als alle anderen Kinder ihrer Gruppe, denn Maja hatte beinahe jede Woche ein neues Piratenbuch für Lucy aus der

Bücherei ausgeliehen und ihr vorgelesen. Warum sollte Lucy also zur Schule gehen, wo sie doch Maja hatte? Das war in ihren Augen wirklich totaler Blödsinn und absolut verschwendete Zeit. Und dann sollte sie da auch noch jeden Tag hin!
Als würde zweimal pro Woche nicht reichen.
Und als ob das alles nicht schlimm genug wäre, hatten Mama und Papa auch noch eine andere Schule für sie ausgesucht als die, auf die ihre Kindergartenfreunde gingen. Sie kannte also nicht mal jemanden in ihrer neuen Klasse.

Es klingelte an der Tür und Mama stupste Lucy an: „Na, willst du nicht aufmachen und sehen, wer kommt? Schließlich ist es deine Party."
„Wer soll schon noch kommen?"
Lucy verdrehte die Augen, dass man nur noch das Weiße sehen konnte, stapfte aber folgsam los, um den nächsten Gast zu empfangen.
Als sie öffnete, traute Lucy ihren Augen kaum. Da stand Maja. Mama hatte sie eingeladen.
„Hey, Piratenbraut, wie war dein erster, großer Tag in der neuen Schule?", fragte Maja und drückte Lucy eine weitere Schultüte in

die Hand. „Hier, die haben wir im Kindergarten für dich gebastelt. Allerdings hat Max die Schokolade rausgeklaut. Tut mir leid.“

Lucy nahm die Schultüte in Empfang, beachtete sie aber kaum, sondern fing gleich an zu jammern: „Maja, es war furchtbar. Einfach total schrecklich. Ich will nicht in diese Schule gehen. Kannst du nicht Mama fragen, ob ich zurück zu dir in den Kindergarten darf?“ Lucy ließ sich schniefend in Majas Arme fallen.

„Na, jetzt beruhige dich mal.“ Maja strich ihr über die Haare, setzte sich auf den Boden im Hausflur und zog Lucy auf ihren Schoß.

„Schau, Lucy, du bist sechs Jahre alt und alleine deshalb kannst du schon nicht bei uns im Kindergarten bleiben. Ich kann dir doch unmöglich all die tollen Sachen beibringen, die du in der Schule lernst. Und es ist doch super, neue Kinder kennenzulernen. Du wirst eine Menge Spaß haben, glaub mir.

Außerdem wolltest du doch neulich noch neue Freunde, weil Lina dein Piratenbild hässlich fand.“
Lucy war nicht überzeugt und schüttelte energisch ihre roten Locken. Die Sache mit dem Bild hatte sie mit Lina längst geklärt und überhaupt: Was hatte das eine denn mit dem anderen zu tun? Erwachsene hatten manchmal schon komische Ideen.
Sie stand auf und stampfte mit dem Fuß auf den Boden: „Nein, ich will nicht in die doofe Schule. Die neuen Kinder lachen sowieso nur wieder über meine Haare und nennen mich

Fuchs oder Karottenkopf. Außerdem kann ich sehr wohl alles, was ich wissen muss, bei dir lernen."
Maja lachte. „Na das wäre eine komische Sache. Ich bin ganz sicher, dass deine neue Lehrerin viel mehr weiß als ich. Da wirst du spannende Dinge lernen. Pass auf, Lucy, wir treffen eine Abmachung, einen Piratenpakt: Du versuchst das mit der Schule für vier Wochen und wenn du es dann immer noch so schrecklich findest, dann sprechen wir gemeinsam mit deinen Eltern und fragen, ob du auf die Schule zu Paul, Lina und den anderen aus

deiner Kindergartengruppe gehen darfst. Aber zuerst versuchst du es. Okay?“

Lucy weinte immer noch ein bisschen, während sie überlegte, schließlich aber nickte sie und reichte Maja die Hand: „Abgemacht. Piratenpakt. Vier Wochen. Und keinen Tag länger. Piratenehrenwort!“

„Abgemacht, Piratenbraut. Vier Wochen“, sagte Maja und schlug ein.

Mit Maja wurde der Rest des Nachmittags doch noch sehr lustig. Sie machten Spiele, malten um die

Wette und aßen so viel von Omas Himbeertorte, dass ihnen ganz schlecht wurde.

Als Maja sich verabschiedete, war es für Lucy schon Zeit, schlafen zu gehen. Mama und Papa kamen in ihr Zimmer, um Gute Nacht zu sagen.

„Na, Lucy, das war ein schönes Fest, oder?“ Papa setzte sich auf die Bettkante und lächelte. „So fängt die Schulzeit doch toll an.“

„Ja, es war ein schönes Fest, Papa.“ Lucy nickte. „Und morgen gehe ich zur Schule. Für vier Wochen.“

„Warum nur für vier Wochen?“, rief Mama überrascht.

„Weil ich mit Maja ausgemacht habe, dass ich es vier Wochen versuche und wenn es mir dann immer noch nicht gefällt, darf ich wieder in den Kindergarten. Es ist ein Piratenpakt.“ Lucy schwindelte ein bisschen und hoffte, Mama würde nicht bei Maja nachfragen, was sie wirklich ausgemacht hatten.
Mama und Papa zogen die Augen-

brauen nach oben, so wie das Eltern eben tun, wenn sie nicht mehr weiterwissen. Doch schließlich nickte Papa und sagte: „In Ordnung. Piratenpakt. Vier Wochen. Danach verhandeln wir neu."

Am nächsten Morgen fiel es Lucy gar nicht so schwer, sich für die Schule fertig zu machen, denn sie würde ja nur für vier Wochen dort sein. Sie war sich sicher, dass sie Maja und ihre Eltern danach überzeugen könnte, wieder in den Kindergarten gehen zu dürfen. Sie musste nur diese vier Wochen durchhalten. Und das sollte ja wohl zu schaffen sein. Schließlich war sie keine Heulsuse. Also stapfte sie tapfer, zusammen mit Mama, zur Schule.

Als sie am Schultor angekommen waren, sagte Lucy: „Du musst nicht mit reinkommen, Mama. Die anderen Kinder sind auch alleine und ich bin eine Piratin. Ich schaffe das schon.

Und wo das Klassenzimmer ist, weiß ich ja noch von gestern."
„Na gut, du tapferer Pirat. Dann viel Spaß! Ich hole dich nach der Schule hier wieder ab", antwortete Mama und gab Lucy einen Kuss auf die roten Locken.
„Vier Wochen überstehe ich schon. Mach dir keine Sorgen." Lucy grinste und verschwand im Schulhaus.
Tatsächlich fand sie sofort den Weg zu ihrer Klasse und als sie das Klassenzimmer betrat, waren bereits einige Kinder dort. Sie hatte noch gute fünfzehn Minuten Zeit bis Unterrichtsbeginn und konnte sich

so in Ruhe einen Platz aussuchen, denn gestern hatten sie ja nur Fotos gemacht und die Erstklässler und deren Eltern wurden vom Direktor begrüßt.
Also setzte sie sich nach ganz hinten, damit sie nur ja nicht gestört wurde, sie hatte schließlich nicht vor, hier Freundschaften zu schließen oder sich wohlzufühlen. Denn in vier Wochen würde sie ohnehin wieder zurück in den Kindergarten gehen.
„Darf ich mich neben dich setzen?“ Plötzlich stand ein blonder Junge neben ihrem Tisch.
„Meinetwegen“, grummelte Lucy.

„Aber glaub bloß nicht, dass wir Freunde werden. In vier Wochen bin ich wieder hier weg.“
„In vier Wochen? Hast du es gut! Wie hast du das gemacht?“ Der Junge schien beeindruckt zu sein.

„Ich habe mit meiner Kindergärtnerin ausgemacht, dass ich es vier Wochen mit der Schule versuche und wenn es mir dann immer noch nicht gefällt, darf ich wieder in den Kindergarten“, schwindelte Lucy erneut. Weil sie aber ein schlechtes Gewissen hatte, fügte sie hinzu: „Oder auf eine andere Schule gehen. Die, in der meine Freunde sind.“
„Toll. Das hätte ich auch gerne. Meine Freunde sind auch auf einer anderen Schule und meine Eltern haben einfach bestimmt, dass ich hierher muss. Ich heiße übrigens Jonas“, erklärte der blonde Junge.

Na, das könnte ja schlimmer sein, dachte Lucy und begann, ihr Federmäppchen mit dem Piraten darauf auszupacken.
„Wow", staunte Jonas. „Ein Piratenfedermäppchen. Schau mal, ich habe eine Piratenbrotbox."

Jonas packte seine Vesperdose aus, von der ihnen ein Pirat böse entgegensah, und strahlte Lucy an.

Die grinste nur zurück, denn inzwischen war die Lehrerin eingetroffen und bat um Ruhe.
„Nett sieht sie aus“, flüsterte Jonas noch schnell und Lucy nickte.
„Mein Name ist Frau Helling und ich bin in den nächsten beiden Jahren eure Lehrerin“, stellte sie sich vor. „Es freut mich sehr, euch unterrichten zu dürfen und es würde mich noch mehr freuen, wenn ihr mir und euren Mitschülern kurz euren Namen sagt und uns erzählt, was ihr am liebsten tut. Fangen wir ganz hinten an, bei der jungen Dame mit den roten Locken. Du hast so

wunderschöne Haare wie Arielle, die Meerjungfrau!" Frau Helling lächelte Lucy freundlich an. Lucy war etwas verlegen, begann aber tapfer, sich vorzustellen: „Ich heiße Lucy, bin sechs Jahre alt und mag am liebsten Piraten."
„Piraten. Na, das ist doch mal was", meinte Frau Helling. „Ich bin sicher, du weißt einiges über Piraten und

kannst uns in den nächsten beiden Jahren viel darüber erzählen."
„Oh ja!" Lucy strahlte. „Ich bin Piratenexpertin."
„Wunderbar. Gibt es denn hier noch mehr Piratenexperten?", fragte Frau Helling in die Klasse.
Fast die Hälfte der Jungs und fünf Mädchen meldeten sich und die Lehrerin lachte. „Na, da werden wir wohl mal einen ordentlichen Piratenausflug machen müssen und unsere Lucy mit den Meerjungfrauen-Locken wird Kapitän."
Die anderen Kinder klatschten begeistert und Lucy wunderte sich.

Während sich der Nächste vorstellte, flüsterte Jonas Lucy zu: „Warum hast du ihr nicht gesagt, dass du nur vier Wochen bleibst?“

„Ich bin nicht sicher, ob ich nicht doch länger bleibe“, flüsterte Lucy zurück. „Vielleicht ist es hier ja gar nicht so schlecht.“

„Das habe ich auch gerade gedacht!“ Jonas lächelte und drehte sich nach vorne zu dem blonden Mädchen, das sich gerade vorstellte: „Ich heiße Lea, bin sechs Jahre alt und Expertin für Schmetterlinge und Regenbogen …“

Neele

Ein Geschenk für König Nimmersatt

Es war einmal ein König, der lebte in einem Palast. Der Palast war so groß wie die Stadt, in der er stand. Er hatte 60 Stockwerke und 354.721 Gemächer. Jedes dieser Gemächer war bis unter die Decke gefüllt mit Dingen, die der König besaß.
Und stellt euch nur vor: Ihm gehörten

außerdem noch 13 Kaufhäuser, 40 Bäckereien, 5 Kinos, eine Rutschbahn, 2 Schwimmbäder, eine Schlittschuhhalle und 50 Restaurants.

Der königliche Palast war sogar so groß, dass sich der König selbst schon 203 Mal verlaufen hatte. Und so manches Mal mussten ihn seine Angestellten tagelang suchen, ehe sie ihn in einem seiner Zimmer fanden.

Nun, das scheint auch gar nicht verwunderlich, wenn man bedenkt, wie voll jedes königliche Gemach war.

Oder hast du ihn schon in Zimmer 10 274 gefunden?

Neben den vielen Dingen besaß der König auch sehr viel Zeit.

So verbrachte er die meisten Tage damit, von Zimmer zu Zimmer zu

gehen und die Dinge zu zählen, die er besaß. Das stimmte ihn zufrieden. Und falls er doch einmal schlechte Laune bekam, brauchte er nur in seinen Park hinunterzublicken. Dieser war so groß, dass er bis zum Horizont reichte. Und wenn etwas so groß ist, dass es bis zum Horizont reicht, dann sieht es aus, als sei es unendlich groß. Das beruhigte den König und machte ihn wieder munter. Falls es doch einmal so war, dass der Blick in den Park die Laune

des Königs nicht bessern konnte, ließ er sich in einer großen Sänfte über die Stadt hinwegtragen. Die königliche Sänfte war so hoch, dass die Menschen von dort oben nur noch wie Murmeln aussahen. Und wenn Menschen so klein sind, dass sie nur noch wie Murmeln aussehen, fühlt man sich selber, als wäre man riesig groß.

Doch es kam die Zeit, in der auch die Sänfte nichts mehr half. Niemandem war aufgefallen, dass der König an immer mehr Tagen schlechter Laune war. Doch noch viel mehr sorgte es den König, dass er nicht wusste, woher die schlechte Laune kam. Er hatte doch alles, was man sich nur wünschen konnte! Und das war in der Tat ein Problem, das auch die Bewohner der Stadt im Moment sehr beschäftigte. Der König hatte nämlich bald Geburtstag.

Was schenkt man jemandem, der schon alles hat? Es sollte auf jeden

Fall etwas ganz und gar Außer-
gewöhnliches sein.
Also gingen die Bewohner der Stadt
in die teuersten Geschäfte, reisten
zu den außergewöhnlichsten Orten
oder entdeckten fremde Länder,
von denen sie gar nicht wussten,

dass sie existierten. Letztere kehrten häufig gar nicht mehr zurück, denn sie wussten ja selbst nicht, wo sie waren.
Am Tage des königlichen Geburtstages bildete sich vor dem Schloss schnell eine Menschenschlange, die so lang und so dicht war, dass man ein kleines Mädchen mit der Nummer 799 leicht hätte übersehen können.
Im Palast herrschte derweil bereits Hochbetrieb. Schnaubend packte der König das Geschenk von Nummer 731 aus. Es war ein Gemälde, das er nicht mochte. Nummer

796
760
798

760 schenkte ihm einen Flug in den Weltraum. Doch im Weltraum war er schon letzten Monat gewesen. Auch die goldene Klobürste von Nummer 771 konnte ihm kein Lächeln entlocken und mit starrem Mund winkte er Nummer 772 heran.
Alles war so wie die Jahre zuvor.
Bei Nummer 796 hatte er schon ein zweites Mal gegähnt. Bei Nummer 797 wurden seine Augenlider schwer wie Blei. Bei Nummer 798 verließ ihn die Gier ganz – und er schlief ein.
Umso mehr erschrak der König, als er durch ein Kneifen in seinen Bauch ruckartig erwachte. Der König zog

die Augen zusammen und rieb sie sich vorsichtshalber noch einmal, um ganz sicherzugehen, wen er da vor sich sah: ein kleines Mädchen. Mit einem strahlenden Lächeln legte es ein kleines Päckchen auf seinen

Bauch. Die anderen warteten gespannt, um zu sehen, was ein so kleines Mädchen einem König wohl schenken mochte. Und so wurde das Gemurmel immer leiser, bis im Palast eine Stille herrschte, die nur durch das Knistern des Geschenkpapiers gebrochen wurde. Sobald das Geschenk ausgepackt war, flüsterte das Mädchen dem König etwas ins Ohr und sprang hüpfend davon. Die anderen schauten gebannt zum König. Der wurde erst weiß, dann rosa und schließlich ganz rot im Gesicht und stieg schließlich wutentbrannt von seinem Thron. Kurz

darauf ließ er verlauten, dass die Zeremonie beendet sei.
Niemand traute seinen Ohren. So etwas war nun wirklich noch nie vorgekommen!
Und der König?
Der König begann, durch das Schloss zu eilen und die Dinge zu zählen, die er besaß.
Aber er konnte sich nicht beruhigen. Obwohl er auf seinen unendlichen Park blickte, fühlte er keine Freude mehr.
Obwohl er doch so hoch auf seiner Sänfte saß, fühlte er sich plötzlich winzig klein. Und obwohl er alles

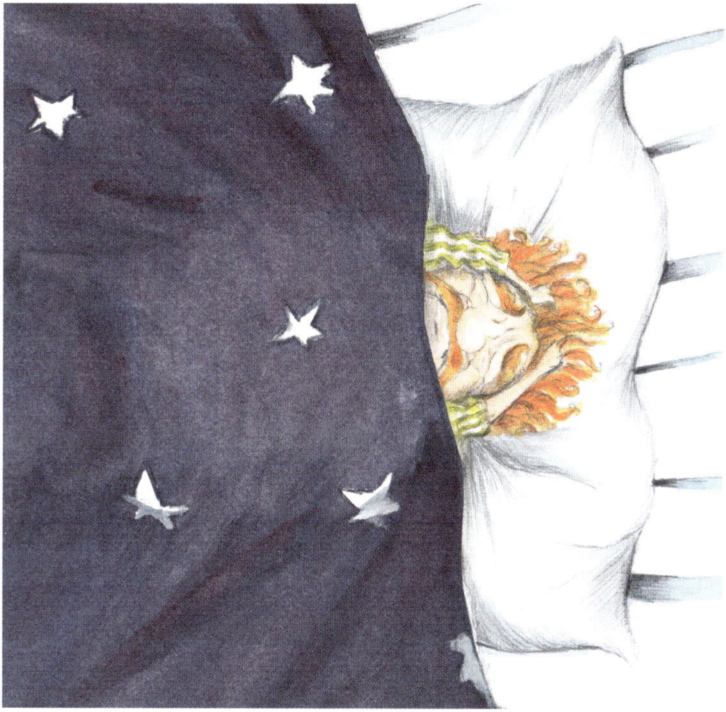

hatte auf dieser Welt, half nichts gegen die Angst, die plötzlich da war: Hatte ihm das Mädchen etwa die Wahrheit ins Ohr geflüstert? Kein Hofangestellter hat je herausgefunden, was in dieser Nacht geschah. Nur der Mond sah den König durch das große Fenster weinen. Das war für ihn der traurigste Anblick seit Langem. Und der hörte erst auf, als der Mond wieder langsam hinter den Feldern verschwand.

Es war noch früh, als der König das Schloss am nächsten Morgen verließ. Er hatte es sehr eilig.

Nach vielen Schritten und Straßen hatte der König endlich sein Ziel erreicht.

Mit einem leisen Quietschen öffnete sich die Tür.

Müde blinzelte das Mädchen den

König an und rieb sich die Augen:
„Was machst du denn hier?“
„Ich will mich bei dir bedanken.“
Vorsichtig griff der König in seine Manteltasche und zog einen kleinen Stoffhasen heraus.

„Alfred!“, rief das Mädchen. Sie presste das Kuscheltier fest an sich. „Aber ich habe ihn dir doch

geschenkt, damit du nicht mehr so alleine bist."
„Damit hast du mir das schönste und wertvollste Geschenk gemacht, das ich jemals bekommen habe. Und weil es so kostbar ist, wollte ich dich fragen, ob du auf Alfred aufpassen könntest. Denn ich kann mir dafür niemand Besseren vorstellen als dich."
„Aber nur", sagte das Mädchen, „wenn du Alfred immer wieder besuchen kommst."
„Das werde ich", versprach der König.
Der König fühlte plötzlich eine

Wärme, die aus seinem tiefsten Herzen kam und ihn ganz einhüllte. Eine Wärme, die so groß war, dass sie bis zum Horizont reichte, ganz so, als sei sie unendlich groß.

Dieses Mal wusste der König, dass das stimmte.

Ein Jahr darauf hatte sich vieles verändert. Niemand durfte mehr dem König etwas zum Geburtstag schenken. Dafür lud der König zum größten Fest des Jahres ein.
Als der Mond in dieser Nacht aufging, erschrak er sich so sehr, dass er fast vom Himmel fiel. Im früher so verlassenen Palast sah er nun überall Leute, die lachten und tanzten. Und wenn er ganz genau hinsah, konnte er ein kleines Mädchen erkennen, das eine Krone trug. Auch

wenn er nicht verstand, warum, war das der schönste Anblick seit Langem, das musste er zugeben. Und der hörte erst auf, als der Mond hinter den Hügeln des königlichen Parks verschwand und der wärmenden Morgensonne Platz machte.

Jonas Kötz Cordula Thörner

Wilhelm und sein Pferd

Wilhelm liebt Schokoladenkuchen – aber frisch muss er sein. „Ich backe jeden Tag einen großen Kuchen. Falls mal jemand zu Besuch kommt, ist immer genug da“, meint Wilhelm. Kommt keiner, dann isst Wilhelm alleine zwei oder drei Stückchen.

Wenn er satt ist, verpackt er den

Rest und spaziert in den Park, um Tauben zu füttern.
An einem Dienstag im Mai schlendert Wilhelm auf dem Heimweg an einem Zirkuszelt vorbei, und da sieht er Lotte, die Zirkusstute. Ihre Flecken haben beinahe die Farbe seines Schokoladenkuchens.
Lotte kann nicht mehr im Zirkus auftreten, sie ist zu alt und nun soll sie verkauft werden.
„Ich nehme sie mit“, sagt Wilhelm ohne Zögern zu dem Zirkusdirektor. Wilhelm gibt ihm ein bisschen Geld, dann stopft er sich noch etwas Heu

in die Taschen und greift nach Lottes Halfter.

Wilhelm wohnt in der Schillerstraße Nummer 18. Frau Schnabel, die

Hausmeisterin, steht häufig an ihrem Küchenfenster und blickt hinaus.
„Ich muss mich um alles kümmern", sagt sie oft, „und darum muss ich auch alles wissen."
Über ihr lebt Herr Würfel mit seinem Kater Einer. Herr Würfel ist Nachtwächter, und er kommt morgens immer sehr müde nach Hause.
Unten rechts wohnt die kleine Maria Lopez mit ihren Eltern.
Und dann ist da natürlich noch Wilhelm oben rechts.
„Wir müssen das Sofa verschieben, damit du es oben gemütlich hast", sagt Wilhelm.

Wilhelm und Lotte sind gerade an der Treppe, da erscheint Frau Schnabel im Flur. „Was ist denn hier los?“, schimpft sie. „Ein Pferd! Sofort raus damit. Der arme Herr Würfel, wie soll er denn bei dem Hufgeklapper schlafen?“

„Oh“, sagt Wilhelm. Er dreht sich um und blickt Frau Lopez an.
Mit einem Schulterzucken sagt sie zu Maria: „Komm rein, du wolltest doch spielen.“
Wilhelm zieht Lotte wieder auf die Straße. „Sei nicht traurig, Frau Schnabel hat das Freundlichsein vergessen. Komm mit, ich hab eine Idee“, sagt er.
Nebenan ist ein kleiner Schuhladen. Lotte bleibt am Fahrradständer stehen und Wilhelm geht hinein.
„Zwei Paar Filzpantoffeln, die größten, die Sie haben, bitte“, sagt

Wilhelm zu Paul, dem Schuh-
verkäufer.
„Größe 52, kariert oder gestreift?“,
fragt Paul.
„Kariert“, antwortet Wilhelm, denn
die trägt er selbst am liebsten.

Während Lotte in die neuen Puschen
schlüpft, öffnet Wilhelm die Tür. „Du

kannst sie oben anlassen und damit den Boden polieren“, sagt er.
„Halt!“, tönt es da laut.
Frau Schnabel baut sich vor ihnen auf. „Raus mit dem Pferd! Es macht nicht nur Lärm, sondern auch Dreck! Und wer soll die Pferdeäpfel wegkullern?“
„Aber das mach ich doch alles

selbst, wir werden niemanden stören", erwidert Wilhelm.
„Hinaus!", sagt Frau Schnabel.
„Wenn das jetzt jeder wollte."
„Warte hier", sagt Wilhelm vor dem Haus zu Lotte und läuft nach oben.
Mit Schlafsack und Wecker bepackt kommt er wieder herunter.
„So schnell geben wir nicht auf", flüstert er Lotte vor dem Einschlafen zu.
Drei Stunden später klingelt der Wecker. „Jetzt schläft sie bestimmt", wispert Wilhelm und rappelt sich auf, „jetzt schaffen wir's!"
Er freut sich schon auf sein

gemütliches Bett und darauf, dass er am nächsten Morgen nicht alleine frühstücken muss.
Doch Frau Schnabel hat gute Ohren, einen leichten Schlaf und eine große Taschenlampe. Sie erwartet Wilhelm und Lotte schon im Hausflur.
„Oh!“, sagt Wilhelm. Er braucht eine Weile, um sich von dem Schreck zu erholen. Dann sagt er leise: „Lassen Sie es uns doch mal versuchen.“
„Nein!“, zischt Frau Schnabel. Mit flatterndem Nachthemd rauscht sie zurück in ihre Wohnung.
Wilhelm und Lotte legen sich wieder vors Haus.

Am Morgen reibt Wilhelm seinen schmerzenden Rücken. „Heute Nacht schlafen wir woanders“, sagt er. „Komm, altes Mädchen, ich packe meine Sachen. Dann verabschieden wir uns und suchen uns ein neues Zuhause.“
Vor dem Haus klettert er auf Lottes Rücken, zu seinen Nachbarn sagt er: „Wir ziehen aus, auf Wiedersehen.“
Für einen Moment ist alles ruhig.

Schließlich sagt Frau Schnabel mit lauter Stimme: „Wir sind wohl alle einer Meinung – ein Pferd in einem Mietshaus, das geht nicht.“
„Ich finde das gemein“, sagt Maria und guckt in die Runde.
„Lotte ist doch Wilhelms Freundin. Habt ihr denn noch nie einen Freund gehabt? Der durfte doch bestimmt

auch mit in eure Wohnung. Wieso darf Lotte nicht bleiben?“
Und plötzlich muss Frau Schnabel an ihren verstorbenen Mann Otto denken. Es ist schon eine Weile her, aber sie erinnert sich noch genau, wie schön es mit ihm war.
Herr Würfel freut sich, dass er seinen Kater Einer hat.
Und Familie Lopez nimmt sich endlich mal wieder in die Arme.
„Also, von mir aus“, murmelt schließlich Frau Schnabel, „wenn alle einverstanden sind, darf das Pferd hier einziehen. Aber es muss sich an die Hausordnung halten.“

Lotte lernt schnell, die Stufen mit den dicken Pantoffeln hinaufzugehen, sie hat schließlich viele Jahre im Zirkus gearbeitet.
Wilhelm backt noch immer jeden Tag einen Schokoladenkuchen. Den isst er dann zusammen mit Maria und Lotte und manchmal sogar mit Frau Schnabel.
Meistens bleibt nicht viel übrig, doch ein paar Krümel bewahrt Wilhelm auf für die immer hungrigen Tauben im Park.

Beate Dölling   Almud Kunert

Das Regenspiel

Schütten tut’s aus tausend Kübeln,
Sofie kommt nicht aus dem Grübeln.
Schnell, ein neues Spiel muss her,
kein Puzzle, Bild, auch nicht der Bär.

Sie steht bereit mit Regenhut.
Doch Mama findet das nicht gut!
„Ach Süße, schau, auch hier ist’s
schön,

da musst du nicht nach draußen
geh'n."

Maulend rennt Sofie in ihr Zimmer.
Doof, denkt sie, doof, blöd! Und
schlimmer.
Da plötzlich wie mit einem Schlag
weiß Sofie, was sie machen mag.

Auf leisen Sohlen schleicht sie sich
ins Bad hinein, klammheimelich.
Und trotzdem wurde sie gesehen
vom Leon und der will nicht gehen.

„Was machst du da, malst du dich
blau?

Bubbel
bad

Spielst du jetzt krank und machst
’ne Schau?“
Kichernd nickt sie und übt Krämpfe,
hustend schnaubt sie rote Dämpfe.

Jetzt ruft sie: „Mama!“, springt fix
ins Bett.
Der Leon staunt: Spinnt die
komplett?
Ach! Die Augen sind so rot,
die Nase rau wie Knäckebrot.

Die Kranke ächzt, stöhnt, schüttelt sich
und Mama sagt: „Das gibt's doch nich'.
Der Fall ist klar, der Fall ist schwer,
da muss sofort der Doktor her!"

Sie schaut betrübt, verzweifelt, bange,
streicht liebevoll Sofiechens Wange.
„Gleich wissen wir es ganz genau,
denn Doktor Meier, der ist schlau!"

„Mach mal Aaaaaah!“, sagt Doktor Meier,
sieht Sofies Rachen, schreit:
„Auweia!“
Er denkt und kratzt an seiner Mütze.
„Isst du auch genug Lakritze?“

Erstaunte Blicke erntet er,
schnell, diese Medizin muss her!
Zur Apotheke ist’s nur ein Stück,
die Mama ruft: „Bin gleich zurück!“

Lustig, so ein Krankenspiel!
Doch langsam wird’s Sofie zu viel.
Raus aus dem Bett, hinein ins Nass,
nun macht es auch dem Leon Spaß.

Als Mama eintritt in den Raum,
da traut sie ihren Augen kaum!
„War nur ein Spiel", kreischt nun Sofie,
gluckst lachend, kichernd wie noch nie!

Rätsel

Kannst du den Geheimcode auf den Mauersteinen entschlüsseln?
Tipp: Die Buchstaben sind jeweils um eine Stelle im Alphabet verschoben:
B = A, C = B usw.

Angelika Glitz Imke Sönnichsen

Die tapfere Tilli

Heute hat Oma Geburtstag.
Oma hat sich einen Tag am Meer gewünscht.
„Am besten, du ziehst das Kleid an, das Oma dir geschenkt hat“, sagt Mama.
„Nein“, sagt Tilli. „Das Kleid ist kratzelig.“
„Komm, du schaffst das“, sagt Mama.

„Sei tapfer“, sagt Papa. „Bin ich ja auch. Ich habe schließlich für Oma den verrückten Hut aufgesetzt.“
Also hört Tilli auf zu strampeln. Aber nur, weil Oma Geburtstag hat.
„Oh“, sagt Mama.

„Was?“, fragt Tilli.
„Dein Pflaster ist schmutzig. So kannst du nicht an Omas Geburtstag rumlaufen.“
„Aber da sind Dinosaurier drauf“, sagt Tilli. „Und es sitzt noch fest wie festgewachsen.“
„Ach, keine Angst“, sagt Papa. „Ich

löse es langsam ab. Das merkst du gar nicht."

„Keine Bange", sagt Mama, „ich mache es ratzfatz. Das spürst du nicht einmal. Komm, sei …"

„Jetzt reicht's mir aber!", ruft Tilli. Sie geht lieber ins Badezimmer und holt ein sauberes Pflaster aus dem Schrank. Das klebt sie über das schmutzige.

„Wie du willst", sagt Mama. „Doch irgendwann muss es sowieso ab."

Da klingelt es endlich.

Mama, Papa und Tilli singen: „Wie schön, dass du geboren bist, wir hätten dich sonst sehr vermisst."

Und Oma packt ihr Geschenk aus.
„Toll!“, ruft Oma. „Das ist der allerschönste Geburtstagshut. Den hab ich mir schon immer gewünscht.“
Mit dem Hut möchte Oma sofort zum Strand.
„Aber es regnet“, sagt Papa.
„Und es ist windig“, sagt Mama.
„Dafür ist der Strand schön leer“, sagt Oma. Und sie ruft: „Kommt, wir bauen ein Piratenschiff.“
Ahoi! Oma hisst das Segel.
Da fliegt ihr allerschönster Geburtstagshut davon.
Der Hut wirbelt.
Tilli flitzt.

Aber der Hut ist schneller als Tilli.
Papa zieht seine Schuhe aus.
„Können Muscheln eigentlich beißen? Können glitschige Algen einen verschlingen?“, fragt Mama.
„Kann man im kalten Meer Frost-

beulen bekommen?“, fragt Papa.
Er zieht seine Schuhe lieber wieder an.
„Das Beste ist wohl, wir kaufen Oma einen neuen Hut“, sagt Papa.
Doch Oma jammert: „So einen allerschönsten Geburtstagshut gibt es nur einmal auf der Welt.“
„Jetzt habe ich zweimal den aller-

schönsten Geburtstagshut geschenkt bekommen!“ Oma lacht. „Und dieses Mal klebt sogar noch ein Pflaster daran.“
Dafür fehlt das Pflaster an Tillis Knie.
„Sieh mal einer an“, sagt Tilli, „da ist das Pflaster von meinem Knie zu deinem Hut geschwommen.“

„Wisst ihr“, sagt Tilli und blubbert Blasen in ihren Kakao. „Manchmal muss man überhaupt nicht tapfer sein. Manchmal genügt es, ins Meer zu gehen und sich vor gar nichts zu fürchten.“

„Ja", sagt Oma. „Nur warum du für den Strand das gute Kleid angezogen hast, das habe ich immer noch nicht verstanden."

Lene März Barbara Scholz

Geisterstunde

Mondlicht streift ein schwarzes
Schiff,
still ankert es an einem Riff.
Männer ruh'n in Hängematten.
Rührt sich etwa da ein Schatten?
Ein kleiner Spuk macht sich bereit,
gleich wird es 12 und Geisterzeit.
Ein übler Bursche, ein Pirat –
recht klein noch, doch nach Geister-
art.

Das Kerlchen schnappt sich frech
ein Seil
und schwingt im Schwung sein
Hackebeil.
Es folgen wilde Liegestützen,
Grübeln und ein wenig Sitzen.
Beim zwölften Schlag der Uhr an
Deck
springt er beschwingt aus dem
Versteck
und hängt aus allen Seitenluken
5 nach 12 die Angelruten.
10 nach 12 spielt dann der Kecke
Kurbeln an der Ankerkette.
Dabei schnalzt von ganz alleine
eine ziemlich fette Leine.

Ein Neigen folgt und dann ein
Wiegen,
der Segler wird schnell abgetrieben.
Um Viertel nach geht auf den
Schreck

der Täter runter unter Deck
und schmatzt mit Smut in der
Kombüse
schwatzend Brause und Gemüse.
Dabei kocht der Frühstücksbrei
an den beiden glatt vorbei.
10 vor halb hat der Pirat
den Smut natürlich nicht gefragt
und mopst sich ein paar rote Bohnen
zum Beladen der Kanonen.
Pudding schmiert er auf die Lampen,
Sahne macht sich gut auf Kanten.
5 vor halb kommt dem Piraten
eine List mit Kakerlaken.
Die, versteckt in Papas Laken,
packt er auf die Enterhaken.

Der nächste Streich gilt dem
Verdeck.
Dort rollt der Bub die Fässer weg
und reibt Schlag halb mit altem Leim
die Planken gut und gründlich ein.
Er spannt durchs Schiff in aller Eile
dicke und auch dünne Seile.

Der Zeiger rutscht auf 5 nach halb,
da wird's dem Übeltäter kalt.
Er schleicht sodann zu den
Matrosen
und verknotet ihre Hosen.
Am Gebälk abseits der Truhe
hängen 10 nach alle Schuhe.
Bei Kerzenschein um Viertel vor
knackt der Pirat den Geldtresor
und füttert alle großen Scheine
an garstige Bananenschweine.
Um 10 vor 1 hat dann der Bub
vom Quatsch noch immer nicht
genug
und zaubert der Gallionsfigur
'ne schicke neue Kurz-Frisur.

00:55
500

Als letzte Handlung schwingt der
Kleine
seine flinken, kurzen Beine
5 vor 1 ins Krähennest
und bindet seine Flagge fest.

Zufrieden und ein wenig
müde
in der Kapitänskajüte
rollt er sich in Mamas Bett
und Schlag 1 träumt er
sich weg.

Neben Neigen und viel Wiegen
wird das Schiff sehr abgetrieben …
In die Sicht von Fluss-Piraten
ist das Schiff auch noch geraten.
Doch diese sind an jenem Morgen
eher noch die kleinsten Sorgen!

Max Kruse   Roman Lang

Urmels Feuerteufel

Du weißt doch sicher noch, wer das Urmel ist – dieses lustige Tier aus der Urzeit.
Es hatte sich wie tiefgefroren in einem Ei im Eis erhalten. Professor Habakuk Tibatong brütete es mit seinen sprechenden Tieren auf der Insel Titiwu aus. Seitdem lebt das Urmel hier, unter der heißen Sonne des Äquators.

Eines schönen Tages wurde es ganz besonders heiß auf der Insel. Jeder suchte sich einen Platz im Schatten. Aber Schatten nützte gar nichts! Denn diese Hitze kam nämlich nicht von der Sonne. Es donnerte und rumpelte ganz furchtbar dazu. Doch es gab auch kein Gewitter.
Alle erschraken sehr und Wutz fragte: „Ach, hör mal, Professor,

öfföff, warum ist es nur so schrecklich heiß?“
Der Professor antwortete: „Ich mache mir wirklich Sorgen, Wutz. Unsere Insel Titiwu ist nämlich vor vielen Tausend Jahren einmal ein Vulkan gewesen ...“
„Was ist denn ein Vulkan?“, quäkte das Urmel und der Professor erklärte: „Nun, ein Vulkan ist ein Feuer speiender Berg. Aus dem Inneren der Erde kommen Glut und Flammen. Und wenn ein Vulkan ausbricht, wird ringsum alles unter dieser Glut begraben. Man nennt sie auch Lava. Und aus erkalteter Lava

besteht Titiwu. Aber der Vulkan, aus dem später Titiwu wurde, ist längst zur Ruhe gekommen. Er ist nicht mehr gefährlich."

„Doch warum ist es so schrecklich warm, öfföff?“, wiederholte Wutz ihre Frage.
„Nicht Titiwu ist so heiß“, sagte der Professor, „sondern ein neuer Vulkan.
Er wird nicht weit von uns im Ozean ausbrechen. Das könnte schlimm werden …“

Der Professor hatte kaum ausgesprochen, da donnerte und polterte es wieder. Ja, die Erde bebte nun sogar und der Himmel wurde ganz finster. Die Luft roch nach Schwefel.
Plötzlich stieg aus der Ferne eine Rauchwolke aus dem Meer auf und glühende Steine wurden hochgeschleudert.

Zum Glück dauerte es nicht lange. Dann sahen es alle ganz deutlich: ein Feuer speiender Berg!
„Das ist die Geburt einer neuen Insel“, meinte Professor Habakuk Tibatong. „Und die Gefahr ist noch nicht vorbei! Der Vulkan kann jederzeit wieder ausbrechen. Und dann könnte er vielleicht Titiwu unter Flammen und Lava verschütten.“
„So weit lasse ich es nicht kommen, öfföff“, grunzte Wutz.
In dieser Nacht schlich Wutz leise zum Urmelzimmer. Sie weckte das Urmel und ging mit ihm heimlich an den Strand. Hier waren sie

ganz alleine. Und ringsum war es finster. Nur der Vulkan in der Ferne glühte.

„Siehst du, Urmel, öfföff", schnaufte Wutz. „Da wollen wir hin."

„Was?", rief das Urmel. „Zu der glühenden Hölle? Was sollen wir denn da?"

„Titiwu retten, öfföff", grunzte Wutz. „Ich wette, in diesem Vulkan wohnt

ein böser Feuerteufel. Der schmeißt
die Glut und die Asche heraus. Bei
dem will ich mal gründlich putzen.
Na, der soll was erleben!“
Und dann machte sie noch einmal

kräftig „Öfföff“ – es klang wie ein Ausrufezeichen.

„Hm“, maunzte das Urmel. Eigentlich glaubte es dem Professor und seinen gelehrten Erklärungen doch mehr als Wutz. Aber Titiwu retten, das wollte es natürlich auch.

Wutz redete schon weiter: „Wir brauchen unbedingt Hilfe von einer Fee, einer Schweinefee!“

„Wieso nicht eine Urmelfee?“, wollte das Urmel wissen.

„Na egal, eine Fee jedenfalls. Ich singe ein Lied zur Beschwörung, öfföff!“, grunzte Wutz.

„Nee“, rief das Urmel. „Das wird so

scheußlich, da kommt sie bestimmt nicht!“

„Ach, Unsinn, öfföff“, schimpfte Wutz. Und sie sang grunzend:

„O Fee, o Fee, du holde,
erschein in deinem Golde, öfföff,
o, steig aus dem Schilfe
und schenk uns deine Hilfe, öfföff!“

Und wirklich – es ertönten zwölf Glockenschläge. Sie klangen weit über das Meer.
Das war umso erstaunlicher, weil es weit und breit keinen Glockenturm gab.
Dem Urmel zog ein kalter Schauer über den Rücken und es bekam eine Gänsehaut.
„Unheimlich, öfföff“, grunzte Wutz.
„Das muss eine Wasseruhr gewesen sein. – Schau mal da, dieser Kopf … Oh, das ist ja eine Schildkröte!“
Tatsächlich, da schob sich eine Schildkröte an den Strand und sagte mit schnarrender Stimme: „Ich

bin die Fee vom Meere. Fürchtet euch nicht. Ich kann jede Gestalt annehmen. Heute bin ich eine Schildkröte und morgen vielleicht ein Fisch oder eine Seejungfrau. Ich will euch helfen. Denn ich kann Gluto nicht leiden …“

„Wer ist denn Gluto, öfföff?“, fragte Wutz.

„Na“, schnarrte die Schildkrötenfee,

„Gluto ist der Feuerteufel im Vulkan. Ein grässlicher Kerl! Aber ihr zwei braucht einen Schutz gegen Hitze und Glut. Passt einmal auf …“
Kaum hatte sie das gesagt, stand am Strand eine Schüssel mit glühenden Kohlestücken.
Die sollten Wutz und das Urmel essen.

„Es schmeckt wie Himbeereis und ist eine Art Medizin, eine Feuerschutz-Schluckimpfung“, erklärte die Fee weiter.
Da überwanden sich die beiden und schluckten die Feuerkugeln. Und sie waren wirklich süß und gar nicht heiß.
Plötzlich musste das Urmel aufstoßen und eine kleine Flamme kam aus seinem Rachen.
„Oho“, rief es begeistert. „Ich bin ein Feuer speiender Drache! Nimm dich in Acht, Gluto! Jetzt komme ich und schnappe dich und fresse dich und verjage dich!“

Und ohne sich weiter um die arme Wutz zu kümmern, entfaltete es seine Flügel und flatterte über das Meer hinüber zum Vulkan.

„Urmel, öfföff“, rief Wutz. „Nimm mich mit! Ich kann ja nicht fliegen und so weit schwimmen kann ich auch nicht.“

Die Schildkrötenfee überlegte lange.

„Da hilft nur eins“, schnarrte sie

endlich. „Steig auf meinen Panzer, dann bringe ich dich hin.“
So kletterte Wutz auf ihren Rücken und die Fee schwamm und schwamm – langsam und geduldig.
Das Urmel war inzwischen vergnügt durch die Nacht geflogen.
Da lag auch schon der Vulkan vor ihm mit diesem glühenden Trichter.
Na, nichts wie hinein, dachte das Urmel. Und es rief, so laut es konnte:
„Achtung, Gluto! Ich komme!“
Es war wirklich wunderbar, dass es keine Hitze spürte. Das machte das Urmel übermütig. Der Krater bestand ja nur aus lockeren,

glühenden Steinen. Und auf diesen rutschte das Urmel nun mit Gepolter in den Krater hinein.
„Höhö!“, rief da plötzlich ein grausig schwarzer Riese. „Wer wagt es und kommt unangemeldet in meinen Höllenschlund?“
„Ich, das Urmel“, piepste es. „Ich bin ein Feuer speiender Drache und werde dir gleich die Hölle schrecklich heiß machen!“

Da fing der Riese laut zu lachen an. „Was?“, polterte er. „So ein Vögelchen will mir Angst machen? Da lachen ja die Feuerhühner!“
Und Gluto packte das Urmel am Nacken und rief: „Siehst du den schwarzen Käfig dort mit den glühenden Eisenstäben? Darin hebe ich sonst meine Kohle auf. Aber nun ist er leer. Deshalb setze ich dich rein, mein kleiner grüner Kanarienvogel.“
Das Urmel strampelte und zappelte. Umsonst!
Die Tür schnappte zu und das Urmel war gefangen. „Urmele will nicht

eingesperrt werden“, zeterte es laut. „Lass mich frei, du Ekelkerl, du!“ Aber Gluto dachte gar nicht daran. „Jetzt habe ich einen hübschen grünen Kanarienvogel“, freute er sich. „Nein! Ich bin kein Vogel“, brüllte das Urmel. „Ich bin das einzige Urmel auf der ganzen Welt! – Aber warte nur,

bis Wutz kommt, die wird dich mit dem Scheuerlappen verhauen!"
„Wutz? Wer ist Wutz?", fragte Gluto grollend. „Egal, jedenfalls werde ich diese Wutz rösten und grillen und braten!"
Nun wurde es dem Urmel doch unheimlich. Es weinte dicke Urmeltränen. „Wutz, Wutz!", rief es kläglich.
Ach, da ertönte ihre Stimme wie eine schöne Musik von oben – vom Kraterrand: „Hier bin ich, mein Liebling, mein armes, kleines Urmele, öffiöff", grunzte Wutz.
Als Wutz die trostreichen Worte hinabgerufen hatte, fing sie auch

schon an zu rutschen und kollerte in den Vulkan, Gluto genau vor die Füße.

Natürlich wird man schwarz, wenn man Kohle ins Gesicht bekommt. So war also die gute Wutz, die sonst so

rosa wie ein Marzipanschweinchen ist, pottschwarz.
Da musste das Urmel laut lachen, so schlimm seine Lage auch war.
„Wutz, du siehst aus wie ein Schornsteinfeger“, rief es.
„Was? Wie grässlich, öfföff!“, grunzte Wutz. „Schmutz kann ich gar nicht vertragen! Wo ist bitte Ihr Badezimmer, Herr Gluto? Ich möchte mich waschen.“
Das war vielleicht sonderbar! Der schreckliche Gluto war plötzlich ganz sanft geworden. Er schaute die rußschwarze Wutz mit glühenden Kohleaugen an und rief: „Wunder-

bar! Ja, du bist wunderbar. – Aber ein Badezimmer gibt es hier natürlich nicht. Nichts kann ich so schlecht vertragen wie Wasser! Schon das kleinste Tröpfchen bringt mich um."
„Öfföff", sagte Wutz erstaunt. „Und wer ist bitte so wunderbar?"
„Na du, du ganz allein!", rief Gluto.
Wutz wurde immer erstaunter. „Das

hat mir ja noch niemand gesagt, öfföff", grunzte sie.
Da schrie das Urmel laut dazwischen: „Ich will endlich raus aus dem Käfig, Himmelbimmelbammel! Hört auf mit eurem Liebesgeflüster!"
„Wutz", sagte Gluto, ohne sich um das Urmel zu kümmern. „Ich frage dich, Wutz, du schönes schwarzes Mädchen: Willst du meine Frau werden?"
„Ist das etwa ein Heiratsantrag, öfföff?", grunzte Wutz. „Na, dann muss aber zuerst das Urmel freigelassen werden, sonst rede ich über gar nichts!"

„Hm“, brummte Gluto und kratzte sich mit seinen schwarzen Fingern am schwarzen Nacken. „Für die schöne schwarze Wutz mach ich alles!“

Und Gluto ging hin und schloss den Käfig auf.

Das Urmel schoss aus dem Käfig wie eine kleine Rakete.

Dann fragte es: „Ach, was ist denn das hier für ein Eimer?“

„Das ist meine Suppenschüssel!“,

rief Gluto. „Da kommt die köstliche Lava für mein Frühstücksmüsli hinein."

„Soso", dachte das Urmel laut. „Da habe ich aber eine viel bessere Idee!"

Es packte das Gefäß am Henkel und flatterte damit hinaus. Am Meer schöpfte es die Schüssel voll Wasser und flog gleich wieder in Glutos Höllenschlund zurück.

Dann rief das Urmel Gluto zu: „Jetzt pass mal auf!"

Und, platsch!, hatte Gluto Wasser im Gesicht. Wie das zischte und dampfte!
Und Gluto schrie erbärmlich um Hilfe: „Ich sterbe! Kaltes Wasser! Das ist mehr, als ich ertragen kann!“
„Ach, bitte, Urmel“, rief Wutz. „Hast du noch etwas Wasser übrig?“
Sie nahm dem Urmel die Schüssel weg und schrubbte und scheuerte sich – und hervor kam wieder die

rosafarbene Wutz, wenn auch mit
ein paar rußigen Streifen.
„Oh, ist mir schlecht“, jammerte
Gluto noch immer.
Das Urmel wollte gleich noch einmal
frisches Wasser holen.
Da zeterte und flehte Gluto.

Er versprach, alles zu tun, was Wutz
und das Urmel verlangten.
Er versprach, sie aus dem

Vulkan ziehen zu lassen, und er versprach, hier nie, nie wieder Feuer zu spucken. Er wollte ganz woanders hinziehen und Titiwu würde niemals unter Lava, Glut und Asche begraben werden. Bei allen höllischen Geistern!
Und Wutz wollte er nicht mehr heiraten. Denn sie war gar nicht mehr schwarz, sondern rosafarben. Und das gefiel ihm gar nicht.
Nun war ja alles wieder in Ordnung! Wutz und das Urmel waren frei und Titiwu war gerettet.
Das Urmel trug die schwere Wutz durch die Lüfte nach Hause.

Dort legte sich Wutz sofort in die Schlummertonne. Oh, wie müde sie jetzt war! Sie schlief tief und fest. Auch das Urmel schlief lange, sehr lange.

Am nächsten Morgen sagte der Professor beim Frühstück: „Der Vulkan ist heute Nacht ruhig geblieben. Ich hoffe, dass er nie mehr ausbricht."
„Ganz bestimmt nicht, öfföff!", rief Wutz. „Das hat uns Gluto fest versprochen."
Und sie biss in eine Mohrrübe, dass es knackte.

„Wer soll denn Gluto sein?“, fragte der Professor.
„Na, der schwarze Geist, der in dem Feuer speienden Berg sitzt“, erklärte ihm das Urmel.

Da sah der Professor das Urmel durch seine Brille scharf an und sagte: „Rede nicht so einen Unsinn! In einem Vulkan gibt es nur glühende Lava. Dort kann nichts überleben, kein Mensch und kein Tier. Und Geister gibt es nicht. Du hast wohl zu lebhaft geträumt!"
„Dann habe ich aber sehr lebhaft dasselbe geträumt, öfföff", erklärte Wutz kauend. „Mich wollte Gluto nämlich heiraten!"
„Ach, was du nicht sagst!", rief der Professor. „Da bin ich ja froh, dass es nur ein Traum war!"
Aber Wutz und das Urmel sahen

sich verstohlen an und zwinkerten sich zu.

Vielleicht hatten sie ja wirklich alles nur geträumt?

Doch eines stimmte jedenfalls: Der Vulkan brach nie wieder aus!

Autorenverzeichnis:

Breitenöder, Julia:
Zehn Kuchen und eine Überraschung Seite 21

Dölling, Beate: Das Regenspiel Seite 189

Ende, Michael: Tranquilla Trampeltreu,
die beharrliche Schildkröte Seite 88

Glanzner, Susanne: Lucys Piratenpakt Seite 125

Glitz, Angelika: Die tapfere Tilli Seite 198

Hensgen, Andrea:
Auf kleinen Pfoten kommt das Glück Seite 50

Kötz, Jonas: Wilhelm und sein Pferd Seite 175

Kruse, Max: Urmels Feuerteufel Seite 218

März, Lene: Geisterstunde Seite 287

Neele: Ein Geschenk für König Nimmersatt Seite 152

Pestum, Jo: Die Wilden Acht Seite 66

Preußler, Otfried:
Donnerwetter, ist das ein Junge! Seite 7

Quellenverzeichnis (Text und Abbildungen):

Breitenöder, Julia/Ernicke, Maria: *Zehn Kuchen und eine Überraschung.* 2014 © Julia Breitenöder (Text), © Maria Ernicke (Bild)

Dölling, Beate/Kunert, Almud: *Das Regenspiel.* Aus: Dölling, Beate/Kunert, Almud: *Das Regenspiel.* 2003.

Ende, Michael/Bayer, Michael: *Tranquilla Trampeltreu, die beharrliche Schildkröte.* Aus: Ende, Michael/Bayer, Michael: *Tranquilla Trampeltreu, die beharrliche Schildkröte.* 2009.

Glanzner, Susanne/Elitez, Marion: *Lucys Piratenpakt.* 2014 © Susanne Glanzner (Text), © Marion Elitez (Bild)

Glitz, Angelika/Sönnichsen, Imke: *Die tapfere Tilli.* Glitz, Angelika/Sönnichsen, Imke: *Die tapfere Tilli.* 2011.

Hensgen, Andrea/Rodriguez, Béatrice: *Auf kleinen Pfoten kommt das Glück.* Aus: Hensgen, Andrea/Rodriguez, Béatrice: *Auf kleinen Pfoten kommt das Glück.* 2012.

Kötz, Jonas/Thörner, Cordula: *Wilhelm und sein Pferd.* Aus: Kötz, Jonas/Thörner, Cordula: *Wilhelm und sein Pferd.* 2002.

Kruse, Max/Lang, Roman: *Urmels Feuerteufel.* Aus: Kruse, Max/Lang, Roman: *Urmels Feuerteufel.* 2002.

März, Lene/Scholz, Barbara: *Geisterstunde.* Aus: März, Lene/Scholz, Barbara: *Geisterstunde – Der kleine Pirat lernt die Uhr.* 2011.

Neele: *Ein Geschenk für König Nimmersatt.* Aus: Neele: *Ein Geschenk für König Nimmersatt.* 2011.

Pestum, Jo/Weber, Mathias: *Die Wilden Acht.* Aus: Böttler, Carolin (Hrsg.): *Das Kuschel-Vorlesebuch.* 2010.

Preußler, Otfried/Gebhart, Winnie/Weber, Mathias: *Donnerwetter, ist das ein Junge!* Aus: Preußler, Otfried/Gebhart, Winnie/Weber, Mathias: *Der kleine Wassermann.* 2013.

Die Rätsel stammen aus:

Borlik, Michael: *Codewort Risiko. Das Erwachen des Feuerbergs.* 2009. S. 14.

Lahusen, Caroline/Schröder, Jens: *Codewort Risiko. Bob und die Jagd auf den weißen Löwen.* 2009. S. 63.

Lösungen:

Seite 65:
1. Warzenschwein
2. Nashorn
3. Osterhase
4. Hyäne
5. Leopard

Seite 197:
Lava
Asche
Ruinen
Vulkan
Erdbeben